教材项目规划小组

许　琳　　姜明宝　　王立峰
田小刚　　崔邦焱　　俞晓敏
赵国成　　宋永波　　郭　鹏

教材编写委员会

主　任：陶黎铭
副主任：陈光磊　　吴叔平
成　员：陈光磊　　高顺全　　陶黎铭
　　　　　吴金利　　吴叔平　　吴中伟

顾　问：Richard King
　　　　　Helen Xiaoyan Wu
　　　　　Robert S. Chen

中国国家汉语国际推广领导小组办公室规划教材
Projet de Hanban de la République populaire de Chine

Dāngdài Zhōngwén
当代中文
LE CHINOIS CONTEMPORAIN

dì-sì cè
第四册

liàn xí cè
练习册

Cahier d'exercices

Volume IV

主　编　吴中伟
编　者　吴金利　高顺全
　　　　吴叔平　吴中伟
翻　译　徐　朋　Michel Bertaux
译文审订　Hongju Yu
　　　　　Huijun Zhou

PEKING UNIVERSITY PRESS

Éditions de l'Université de Pékin

© Éditions de l'Université de Pékin, 2008

Toute représentation, traduction, adaptation ou reproduction, même partielle, par tous procédés, en tous pays, faite sans autorisation préalable de l' Éditions de l'Université de Pékin, est illicite et exposerait le contrevenant à des poursuites judiciaires.

ISBN 978-7-301-13356-9/H · 1925
205, rue de Cheng Fu, 100871 Beijing, Chine
Tél: +86(10)62752028
Fax: +86(10)62556201
Website: http://www.pup.cn
E-mail: zpup@pup.pku.edu.cn
Imprimé en Chine. Janvier 2008

图书在版编目(CIP)数据

当代中文·第四册·练习册/吴中伟主编.—北京：北京大学出版社，2008.1
ISBN 978-7-301-13356-9

Ⅰ.当… Ⅱ.吴… Ⅲ.汉语－对外汉语教学－习题 Ⅳ.H195.4-44

中国版本图书馆 CIP 数据核字（2008）第 002943 号

书　　　名：当代中文·第四册·练习册
著作责任者：吴中伟　主编
责 任 编 辑：贾鸿杰　欧慧英
责 任 制 作：赵淑倩
封 面 设 计：张婷婷
标 准 书 号：ISBN 978-7-301-13356-9/H · 1925
出　版　者：北京大学出版社
地　　　址：北京市海淀区成府路 205 号 100871
网　　　址：http://www.pup.cn
电　　　话：邮购部 62752015　发行部 62750672　编辑部 62752028　出版部 62754962
电 子 信 箱：zpup@pup.pku.edu.cn
印　刷　者：涿州市星河印刷有限公司
经　销　者：新华书店
　　　　　　787 毫米 × 1092 毫米　16 开本　6.5 印张　166 千字
　　　　　　2008 年 1 月第 1 版　2014 年 9 月第 2 次印刷
印　　　数：3001～4000 册
定　　　价：25.00 元（含 1 张 MP3）

未经许可，不得以任何方式复制或抄袭本书之部分或全部内容。
版权所有，侵权必究　举报电话：010-62752024
　　　　　　　　　　　电子信箱：fd@pup.pku.edu.cn

目录 mùlù   Table des matières

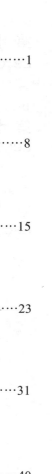

Dì-yī kè Wèi shénme gōngzuò?
第 一 课   为什么 工作? ················1
Leçon un   Pourquoi travailler?

Dì-èr kè Wǒ zhēn xiǎng cí zhí
第 二 课   我 真 想 辞职 ················8
Leçon deux J'ai vraiment envie de démissionner

Dì-sān kè Shízài méi bànfǎ
第 三 课   实在没办法 ················15
Leçon trois Je n'ai vraiment pas d'autre choix

Dì-sì kè Lǎoshī yǒu qǐng
第 四 课   老师 有 请 ················23
Leçon quatre Le professeur l'a demandé

Dì-wǔ kè Zhòng cǎi
第 五 课   中 彩 ················31
Leçon cinq Gagner à la loterie

Dì-liù kè Shuāng tǎ duìhuà
第 六 课   双 塔 对话 ················40
Leçon six Le dialogue entre les deux tours

Dì-qī kè Shàng wǎng
第 七 课   上 网 ················47
Leçon sept Surfer sur Internet

Dì-bā kè Nánrén nán háishi nǚrén nán?
第 八 课   男人 难 还是 女人 难? ················55
Leçon huit Quel est le plus difficile, être homme ou femme?

I

当代中文　LE CHINOIS CONTEMPORAIN

Dì-jiǔ kè　Huí xīn zhuǎn yì
第九课　回心转意 63
Leçon neuf　Se raviser

Dì-shí kè　Kělián tiānxià fùmǔ xīn
第十课　可怜天下父母心 71
Leçon dix　Pitié pour le cœur des parents

Dì-shíyī kè　Ānlèsǐ yǔ "ānlèhuó"
第十一课　安乐死与"安乐活" 80
Leçon onze　Euthanasie et Eubiosie

Dì-shí'èr kè　Rù xiāng suí sú
第十二课　入乡随俗 88
Leçon douze　Lorsqu'on est à Rome, on vit comme les Romains

Dì-yī kè Wèi shénme gōngzuò?
第 一 课 为 什么 工作？
Leçon un   Pourquoi travailler?

一、词语和结构　I. Les mots et les structures

1. 朗读下列词语：Lisez à haute voix les expressions suivantes:

有名/没名　　　有钱/没钱　　　有劲/没劲　　　有理/没理
有水平/没水平　有意思/没意思　有能力/没能力　有经验/没经验
有志气/没志气　有好处/没好处　有兴趣/没兴趣　有希望/没希望
有知识/没知识　有文化/没文化　有感情/没感情

恶化　　深化　　老化　　美化　　简化　　绿化　　退化　　进化
转化　　商品化　　中国化　　工业化　　城市化

2. 替换对话：Exercices de substitution:

(1) A：一起去<u>南京</u>玩儿玩儿，怎么样？
　　B：不行啊，我明天还得<u>加班</u>。

北京	上课
上海	上班
纽约	做作业
东京	工作

(2) A：老赵，你也<u>加班</u>？
　　B：我倒是想<u>加</u>班，可没地方<u>加</u>。

上班	上班	上
在学汉语	学汉语	学
去打篮球	打篮球	打
发电子邮件	发电子邮件	发

（3）A：你干吗不想当经理？
　　　B：我对当经理不感兴趣。

> 当老师
> 学西班牙语
> 打篮球
> 结婚

3. 辨字组词：Identifiez les caractères suivants, puis formez des mots avec eux:

影 _____　　惊 _____
拼 _____　　择 _____
调 _____　　确 _____
选 _____　　进 _____
炒 _____　　吵 _____

4. 写出下列词语的反义词：Écrivez les antonymes des mots suivants:

增加 _____　　强 _____
南方 _____　　有意思 _____

5. 选词填空：Remplissez les blancs avec les mots suivants:

> 什么　怎么　那么

（1）星期天还上 _____ 课？
（2）我想去看看他是 _____ 上课的。
（3）我真不明白，你为 _____ 要 _____ 干？
（4）你 _____ 有钱，干吗还 _____ 拼命？
（5）_____ 啦，又被老板炒鱿鱼了？

> 倒是　可是　老是

（6）这个学生 _____ 迟到，老师对他不太满意。
（7）东西不错，_____ 太贵了。
（8）聪明 _____ 挺聪明的，却不怎么努力。

6. 给括号里的词选择一个合适的位置：Trouvez la bonne place dans chaque phrase suivante pour les mots entre parenthèses:

（1）你 A 买的这件新衣服 B 不错，很 C 好看，而且也不 D 贵。　　（确实）
（2）A 喜欢 B 为别人服务的人 C 百分之四 D。　　（只有）
（3）A 努力 B 学习，C 才能取得 D 好成绩。　　（只有）
（4）选择为自己 A 能当老板 B 努力 C 工作的人 D 却很少。　　（而）
（5）你 A 不 B 去上海 C 学习汉语 D？　　（干吗）

7. **把所给的词组成句子**：Construisez une phrase en mettant les mots suivants dans le bon ordre:

（1）上海　受　最大　中国　西方　影响　的　是　之一　城市

（2）准备　我们　去　玩儿玩儿　北京　再

（3）你　我　真是　要命　要钱　不　看

（4）对　马克　兴趣　总统　感　当　很

（5）是　漂亮　我　漂亮　不贵　可是　也　价钱　不喜欢

8. **改说句子**：Refaites les phrases selon les exemples suivants:

例：你为什么不学习汉语？→你干吗不学习汉语？

（1）你们上个星期去纽约干什么？

（2）这是我自己的事儿，为什么要告诉你呢？

（3）老板为什么炒你的鱿鱼？

（4）他也是你们老师，为什么不去问他？

9. 用下面所给的词填空：Remplissez les blancs avec les mots suivants:

已经　总是　就是　本来　得　干吗

明天是周末，_____想跟老同学一起去外面玩儿玩儿，可阿伟说他明天还_____加班，真是没办法。

有时候，我真是搞不懂他们。就说阿伟吧，他_____是公司的大老板了，_____还要那么拼命呢？世界上的钱哪能赚得完呢？我说他要钱不要命，他还不高兴。

再看看学东，他_____跳槽（tiáo cáo, changer de travail），跳来跳去的，在哪家公司都呆不长，一会儿被老板炒了，一会儿又炒了老板，真不知道他在想些什么。

当然，他们也不理解我，问我当老师有什么好？其实，我也说不上当老师好在哪儿，喜欢_____喜欢，好像也没什么理由（lǐyóu, raison）。

10. 把下面的句子翻译成中文：Traduisez les phrases suivantes en chinois :

(1) Je ne m'intéresse pas à la danse.（对……感兴趣）

(2) C'est vrai qu'il est intelligent et travailleur, mais il a un problème de méthode.（……是……，可是……）

(3) Tu es déjà très riche, pourquoi es-tu toujours si avare?（干吗）

(4) Je pense qu'il vaut mieux qu'on joue au hockey.（还是……好）

(5) Tes résultats sont bien meilleurs que les miens.（比）

二、听力理解　II. Écoute et compréhension

根据听到的内容，判断对错：
Indiquez《vrai》ou《faux》à la fin des phrases suivantes selon le contenu entendu :

1. 老李和老赵明天都要加班。　　　　　　　　　　　　　　（　　）

2. 老李的公司来了新老板，所以老李要和老板一起去玩儿。　（　　）
3. 事儿多，收入也多。　（　　）
4. 老赵每个周末都要去上海。　（　　）
5. 老赵的爱人可能是一位老师。　（　　）
6. 他们觉得上海没有很多好学校。　（　　）

三、口语表达　III. Exercices oraux

1. 互相问答：Dialoguez avec vos camarades:

你喜欢什么样的工作？为什么？
Quelle sorte de travail aimez-vous faire? Pourquoi?

2. 讨论：Discussion:

你认为人应该为什么工作？为了工资？为了兴趣？还是为了……？
Pour quelle raison pensez-vous qu'on doit travailler? Pour le salaire? Pour son propre agrément? Ou autre chose?

四、阅读理解　IV. Lecture et compréhension

　　我们公司人本来就很少，自从中国加入世界贸易组织（WTO）以来，业务量有了明显的增加，我们加班也就成了家常便饭。最近一段时间，我的工作量增加了一倍，加班费虽然挺多，可是我不想加班——我实在受不了了！但是，我们要是不加班，事情做不完，老板肯定不高兴。昨天，我的两个同事终于受不了了，他们先后住进了医院，于是，老板就让我同时接下了他们两个人的工作，一个人干三个人的活！整个人都要累病了。你说我该怎么办呢？我问了几位朋友，他们各有各的说法。

　　有人说："叫你们老板再招聘一些人嘛！"

　　有人说："我们公司也是，连办公桌都不愿意增加，不要说人了。你就再忍一忍吧！"

　　有人说："有些公司就是小气，我绝对不去这样的公司做事。你还是赶快辞职吧！"

　　有人说："有活儿干，多赚点钱没什么不好啊！"

当代中文 LE CHINOIS CONTEMPORAIN

有人说："太累人的工作还是算了吧！如果是我的话，就拒绝加班，炒了老板。"

我們公司人本來就很少，自從中國加入世界貿易組織（WTO）以來，業務量有了明顯的增加，我們加班也就成了家常便飯。最近一段時間，我的工作量增加了一倍，加班費雖然挺多，可是我不想加班——我實在受不了了！但是，我們要是不加班，事情做不完，老闆肯定不高興。昨天，我的兩個同事終於受不了了，他們先後住進了醫院，於是，老闆就讓我同時接下了他們兩個人的工作，一個人幹三個人的活！整個人都要累病了。你說我該怎麼辦呢？我問了幾位朋友，他們各有各的說法。

有人說："叫你們老闆再招聘一些人嘛！"

有人說："我們公司也是，連辦公桌都不願意增加，不要說人了。你就再忍一忍吧！"

有人說："有些公司就是小氣，我絕對不去這樣的公司做事。你還是趕快辭職吧！"

有人說："有活兒幹，多賺點錢沒甚麼不好啊！"

有人說："太累人的工作還是算了吧！如果是我的話，就拒絕加班，炒了老闆。"

Les mots supplémentaires

业务量	N.	yèwùliǎng	chiffre d'affaires repas	業務量
家常便饭		jiācháng biànfàn	simple (à la fortune du pot)	家常便飯
工作量	N.	gōngzuòliǎng	quantité de travail	
先后	Adv.	xiānhòu	l'un après l'autre, successivement	先後
招聘	V.	zhāopìn	embaucher	
辞职	V.O.	cí zhí	démissionner	辭職

Nom propre

世界贸易组织	Shìjiè Màoyì Zǔzhī	Organisation mondiale du Commerce	世界貿易組織

根据短文内容，判断下面说法是否正确：Indiquez《vrai》ou《faux》à la fin des phrases suivantes selon le contenu du texte précédent:

1. 我们公司人特别多。　　　　　　　　　　　　　　　（　）
2. 我们常常加班。　　　　　　　　　　　　　　　　　（　）
3. 我们加班很多，但加班费很少。　　　　　　　　　　（　）
4. 老板不喜欢让我们加班。　　　　　　　　　　　　　（　）
5. 我的两个同事都累病了。　　　　　　　　　　　　　（　）
6. 大家都让我忍一忍，不要辞职。　　　　　　　　　　（　）
7. 大家都认为只要能多赚钱，就算是好工作。　　　　　（　）

五、语段写作　　V. Exercice d'écriture

把你对工作的看法写下来。

Rédigez un paragraphe où vous exposerez votre point de vue sur le travail.

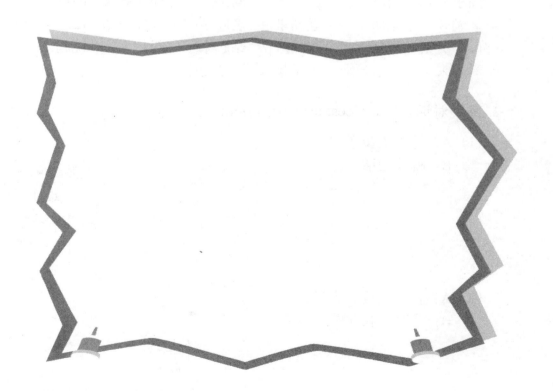

第二课　我真想辞职
Dì-èr kè　Wǒ zhēn xiǎng cí zhí
Leçon deux J'ai vraiment envie de démissionner

一、词语和结构　I. Les mots et les structures

1. 朗读下列词语：Lisez à haute voix les expressions suivantes:

受影响	受欢迎	受感染	受批评	受不了	受得了
头疼得很	难过得很	高兴得很	喜欢得很	漂亮得很	满意得很
同事	同屋	同伴	同桌	同窗好友	同班同学
老领导	老朋友	老同事	老同学	人际关系	校际交流
国际关系	国际比赛	州际道路	站起来	想起来	说起来
看起来	笑了起来	唱了起来	哭了起来		

2. 替换对话：Exercices de substitution:

（1）A：让你<u>失望</u>了吧。
　　　B：哪儿的话。

```
难过
头疼
不舒服
着急
```

（2）A：你一定要<u>做完</u>吗?
　　　B：是啊，我非<u>做完</u>不可。

```
走            走
辞职          辞职
炒他的鱿鱼    炒他
让我下岗      让你下岗
```

(3) A：你别理他们不就完了？
    B：不理怎么行？

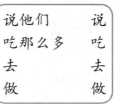

3. 辨字组词：Identifiez les caractères suivants, puis formez des mots avec eux:

    失 _____   夫 _____
    处 _____   外 _____
    际 _____   标 _____
    起 _____   赶 _____

4. 写出下面词语的反义词：Écrivez les antonymes des mots suivants:

    (1) 反面   a. 上岗
    (2) 好办   b. 新同学
    (3) 下岗   c. 难办
    (4) 老同学   d. 正面

5. 选词填空：Remplissez les blancs avec les mots suivants:

    以为   认为

    (1) 我一直 _____ 当老板比当老师好，现在还是这么想。
    (2) 你干吗不给我打电话？我还 _____ 你不理我了呢。
    (3) 我还 _____ 是什么事儿呢，这么着急，原来就这么点儿事儿啊。
    (4) 我 _____ 兴趣比金钱重要得多。

6. 给括号里的词选择一个合适的位置：Trouvez la bonne place dans chaque phrase suivante pour les mots entre parenthèses:

    (1) 他不 A 可能 B 知道世界地图 C 怎么 D 回事儿。   （是）
    (2) 你是 A 老板，B 想 C 炒谁的鱿鱼 D 炒谁的鱿鱼。   （就）
    (3) A 他于是 B 就 C 我给他的那张地图 D 撕成很小很小的碎片。 （把）
    (4) 人的问题 A 解决了，B 别的问题 C 就好办了 D。   （也）
    (5) 她 A 终于 B 把爸爸撕 C 碎的那张世界地图拼 D 了。   （好）
    (6) A 我们每天 B 有 C 很多 D 工作要做。   （都）

7. 把所给的词组成句子： Construisez une phrase en mettant les mots suivants dans le bon ordre:

(1) 地图　明星　照片儿　电影　的　的　反面　世界　一个　是

(2) 喜欢　他　别人　给　总是　难题　出

(3) 关系　难　了　专业　处理　人际　比　搞　多

(4) 没想到　我　你　是　是　以为　谁　呢　还

(5) 要　你　怎么　走　还　出国　听说　没　啊　了

8. 用"……得很"改说下面的句子：
Refaites les phrases suivantes en utilisant "……得很":

例：他女朋友很漂亮。→ 他女朋友漂亮得很。

(1) 老师的字写得非常清楚。

(2) 这件衣服很漂亮，但是也很贵。

(3) 我女儿非常聪明。

(4) 他们对这件事都很满意。

9. 用下面所给的词填空： Remplissez les blancs avec les mots suivants:

不错　得罪　很　可能　什么　难怪　最近　就

　　刘天明是我的老同学，听说他混（hūn）得_____，而且还当了官儿。可他自己却说，校长不算_____官儿，而且还头疼得_____。
　　我不知道他说的是不是真的，不过，他们单位_____在搞改革，_____要让一些人下岗，那可真是一件_____人的事儿。你想，谁想下岗啊？再说，他们又不能像我一样，想炒谁的鱿鱼_____炒谁的鱿鱼。看来，天明的这道难题还真挺难解决呢。_____天明说他明天要去辞职。

10. 把下面的句子翻译成中文：Traduisez les phrases suivantes en chinois:

(1) C'est toi le patron; tu peux licencier qui tu veux.（谁……谁……）

(2) Il m'a invité à dîner; comment aurais-je pu décliner?（不……怎么行）

(3) (Si) Le vêtement est trop cher, peux-tu ne pas l'acheter?
（……不就完了？）

(4) Si tu peux finir le travail, je jouerai avec toi.（如果……就……）

(5) L'apprentissage du chinois est beaucoup plus difficile que celui du français.（……比……多了）

(6) Il adore poser une colle aux autres.（出难题）

二、听力理解　II. Écoute et compréhension

根据对话，选择正确的答案：
Écoutez les conversations destinées, puis choisissez la réponse appropriée:
对话：
1. A. 很失望。
   B. 去哪儿。
   C. 说什么话。
   D. 一点儿也不失望。

2. A. 作业很多。
   B. 作业不多。
   C. 做作业很麻烦。
   D. 做作业不麻烦。

3. A. 一定要做。
   B. 可以不做。
   C. 不做也行。
   D. 不做怎么样?

4. A. 认为衣服不漂亮。
   B. 当然很喜欢这件衣服。
   C. 不喜欢这件衣服。
   D. 不喜欢漂亮的衣服。

5. A. 我不是校长，我不管。
   B. 我是校长，当然由我来决定。
   C. 你是校长，当然由你来决定。
   D. 我不知道什么时候走。

6. A. 认为这儿不漂亮。
   B. 不喜欢这个地方。
   C. 当然喜欢住在这儿。
   D. 不愿意住在这儿。

三、口语表达　III. Exercices oraux

1. 互相问答：Dialoguez avec vos camarades:

   课文中的小女孩几岁了? 她是怎么拼好世界地图的?
   Quel âge a la fille du texte? Comment a-t-elle fait pour assembler la carte du monde?

2. 讨论：Discussion:

   你觉得人际关系难处理吗? 为什么?
   Trouvez-vous qu'il est difficile de gérer les relations humaines? Pourquoi?

四、阅读理解　IV. Lecture et compréhension

　　人际关系指的就是人和人之间的关系。人在社会中不是孤单的，人际交往是人类社会中非常重要的一部分，人的许多需要都是在人际交往中得到满足的。如果人际关系不顺利，就会感到孤单；如果有良好的人际关系，就能得到心理上的满足。

　　要想建立良好的人际关系，就要在社会生活中了解和掌握以下人际交往的一般原则：

　　1. 平等原则。要用平等的态度对待别人，不要自以为高人一等。
　　2. 忍让原则。要理解别人，不能要求别人什么都跟自己一样。
　　3. 互利原则。就是要对双方都有好处，满足双方不同的需要。
　　4. 信用原则。对别人要诚实，要讲信用。

　　人際關係指的就是人和人之間的關係。人在社會中不是孤單的，人際交往是人類社會中非常重要的一部分，人的許多需要都是在人際交往中得到滿足的。如果人際關係不順利，就會感到孤單；如果有良好的人際關係，就能得到心理上的滿足。

　　要想建立良好的人際關係，就要在社會生活中了解和掌握以下人際交往的一般原則：

　　1. 平等原則。要用平等的態度對待別人，不要自以爲高人一等。
　　2. 忍讓原則。要理解別人，不能要求別人甚麼都跟自己一樣。
　　3. 互利原則。就是要對雙方都有好處，滿足雙方不同的需要。
　　4. 信用原則。對別人要誠實，要講信用。

Les mots supplémentaires

社会	N.	shèhuì	société	社會
孤单	Adj.	gūdān	seul, solitaire	孤單
交往	V.	jiāowǎng	contact, s'associer	
得到	V.	dédào	obtenir, gagner	
满足	V.	mǎnzú	satisfaction; satisfaire	滿足
顺利	Adj.	shùnlì	succès, sans obstacle, favorablement	順利
良好	Adj.	liánghǎo	bon, bien	

心理	N.	xīnlǐ	psychologie, mentalité	
建立	V.	jiànlì	établir, construire	
掌握	V.	zhǎngwò	maîtriser, contrôler	
原则	N.	yuánzé	principe	原則
平等	V.	píngděng	égalité	
忍让	V.	rěnràng	tolérer; indulgent, conciliant	忍讓
互利	V.	hùlì	bénéfice réciproque	
信用	N.	xìnyòng	crédit; loyauté	

根据短文内容，判断下面说法是否正确：Indiquez《vrai》ou《faux》à la fin des phrases suivantes selon le contenu du texte précédent:

1. 人际关系指的就是人和社会的关系。　　　　　　　　（　）
2. 人在社会中往往是孤单的。　　　　　　　　　　　　（　）
3. 人的很多需要都是在人际交往中得到满足的。　　　　（　）
4. 人际关系很顺利，人就会觉得孤单。　　　　　　　　（　）
5. 要想建立好的人际关系，必须掌握四个原则。　　　　（　）

五、语段写作　　V. Exercice d'écriture

以女儿的口气把课文改写为：《爸爸让我拼地图》。

Récrivez le texte de cette leçon en prenant le rôle de la fille et en utilisant comme titre《Papa me demande d'assembler la carte》.

Dì-sān kè Shízài méi bànfǎ
第三课 实在 没 办法
Leçon trois Je n'ai vraiment pas d'autre choix

一、词语和结构　I. Les mots et les structures

1. 朗读下列词语：Lisez à haute voix les expressions suivantes:

上着玩儿　　说着玩儿　　写着玩儿　　看着玩儿　　学着玩儿　　画着玩儿
双方　　　　男方　　　　女方　　　　我方　　　　对方　　　　东方
西方　　　　南方　　　　北方　　　　四方
俩孙子　　　俩儿子　　　你们俩　　　我们俩　　　他们俩　　　兄弟俩
姐妹俩
受罪　　　　受累　　　　受苦　　　　受穷　　　　受气　　　　受欢迎
还离什么婚哪　还吃什么饭哪　还听什么音乐哪　还看什么电影哪

2. 替换对话：Exercices de substitution:

（1）A：您真有福气呀。
　　　B：有什么福气呀？受罪的命。

| 钱 | 穷 |
| 福气 | 累 |

（2）A：这么大年纪了还上什么大学？
　　　B：上着玩儿呗。

学什么汉语	学
画什么画儿	画
开什么车	开

(3) A：在那儿能学什么？
    B：想学什么就学什么。

玩儿 干 说 看 做

3. 辨字组词：Identifiez les caractères suivants, puis formez des mots avec eux:

受 _____   爱 _____
眼 _____   很 _____
夫 _____   失 _____
情 _____   睛 _____

4. 写出下面词语的反义词：Écrivez les antonymes des mots suivants:

（1）结婚   a. 生
（2）男方   b. 己方
（3）对方   c. 女方
（4）死   d. 粗暴
（5）温柔   e. 离婚

5. 选词填空：Remplissez les blancs avec les mots suivants:

结婚   离婚   复婚   再婚

（1）他们俩认识了三年之后，终于 _____ 了。
（2）_____ 之后，她一个人带着孩子，真是不容易！
（3）虽然 _____ 已经两年了，但她心里还是很爱他，所以她想：还是 _____ 算了。
（4）_____ 两年之后，男方又 _____ 了，可她没有。

6. 给括号里的词选择一个合适的位置：Trouvez la bonne place dans chaque phrase suivante pour les mots entre parenthèses:

（1）A 你的这辆 B 新车 C 可 D 漂亮！   （真）
（2）我 A 得走了，B 王老师 C 等着我呢 D。   （还）

（3）A 如果他们 B 一定 C 要去，我也 D 同意。　　　　　　　　（只好）

（4）A 他们 B 在想 C 怎么去外面 D 玩儿了。　　　　　　　　　（早就）

（5）A 三年以后，我在 B 纽约的大街(jiē, rue)上 C 看 D 到了他。　（又）

（6）A 生词和语法 B 已经学 C 过了，还 D 有什么难的？　　　　（都）

7. 把所给的词组成句子：Construisez une phrase en mettant les mots suivants dans le bon ordre:

（1）不是　就是　这儿　那儿　疼　舒服　不

（2）汉语　还　什么　呀　你　这么　的　了　好　上……课　都

（3）再婚　失望　老人　他们　让　的　很

（4）办法　实在　两位　没　只好　感情　老人　的　离婚　很好

8. 用"还＋V.＋什么＋O.＋啊（哪／呀）"改说下面的句子：Refaites les phrases suivantes en utilisant "还＋V.＋什么＋O.＋啊（哪／呀）"：

例：　你的汉语已经很好了，就不要上课了。
　　→你的汉语已经很好了，还上什么课呀。

（1）我更不明白了，感情这么好，为什么还要离婚？

（2）你已经这么有钱了，为什么还要加班呢？

（3）时间来不及了，你就别再吃饭了。

（4）作业还没做完呢，你就别去看电影了。

（5）钱都丢了，还怎么买东西？

9. 用下面所给的词填空：Remplissez les blancs avec les mots suivants:

> 认为　关心　两　俩　玩儿玩儿　忙　什么　福气　带　受罪

刘奶奶和张大妈是北京的_____个老太太，张大妈有_____孙子、一个孙女，所以，刘奶奶说她很有_____，可张大妈自己却不这么_____，她说自己是_____的命。

刘奶奶身体不太好，儿女们都很_____她，不让她_____孩子。所以，她现在在上老年大学。她说，老年大学里很好，想学什么就能学_____。不过，她说上老年大学其实也就是为了_____，并不是真的想学什么东西。所以，她劝张大妈也去老年大学玩玩儿。张大妈当然也很想去，可是，她太_____了，没时间去。

10. 把下面的句子翻译成中文：Traduisez les phrases suivantes en chinois:

(1) Cet enfant est vraiment charmant!（讨人喜欢）

(2) Je dois partir, mon mari/ma femme est en train de m'attendre.（还在……着呢）

(3) Sers-toi, mange tout ce que tu veux.（……什么……什么）

(4) Un vieux couple d'une soixantaine d'années est venu demander le divorce au tribunal.（要求）

(5) Je n'ai pas demandé grand-chose, mais pas une seule fois mes parents n'ont été d'accord.（要求）

二、听力理解　II. Écoute et compréhension

根据对话，选择正确的答案：
Écoutez les conversations destinées, puis choisissez la réponse appropriée:

对话：

1. A. 带孩子玩儿。
   B. 上学。
   C. 老年病院。
   D. 买东西。

2. A. 跳舞。
   B. 画画儿。
   C. 带孩子。
   D. 唱京剧。

3. A. 不感兴趣。
   B. 没有时间。
   C. 觉得没意思。
   D. 儿女们不同意。

短文：

根据短文，回答下面的问题：
Répondez aux questions suivantes d'après le contenu du texte précédent :

4. 最近，来"我"这儿要求离婚的人多不多？

5. 第一对年轻人结婚几个月了？

6. 第一对年轻人最后离婚了吗？

7. 第二对夫妻谁的年龄大？

8. 昨天晚上，男的为什么没有回家？

9. 第二对夫妻最后有没有离婚？

三、口语表达　III. Exercicer oraxu

1. 互相问答：Dialoguez avec vos camarades:

你和爸爸妈妈住在一起吗？为什么？
Est-ce que vous habitez chez vos parents? Pourquoi?

你爸爸妈妈和爷爷奶奶（或者外公外婆）住在一起吗？
Est-ce que vos parents habitent avec vos grands-parents?

2. 讨论：Discussion:

你觉得老人和孩子住在一起好还是不住在一起好？为什么？
Êtes-vous favorable ou défavorable à la cohabitation des personnes âgées avec leurs enfants? Pourquoi?

四、阅读理解　IV. Lecture et compréhension

上海目前有近100万的老人不和子女住在一起，而到2025年，将有80%～90%的老人不和子女住在一起。

目前，上海的空巢老人越来越多，他们需要亲情，但他们的子女工作很忙，没时间和老人呆在一起。

有一位姓张的老太太，今年75岁。自从前几年最后一个孩子搬进新家后，张老太太也成了空巢老人中的一员。她一个人住在一个空荡荡的大房子里。张老太太有8个孩子，5个在外地，3个在上海，但都住得很远。去年365天中，她和子女呆在一起的时间只有5天。

张老太太有自己的想法，她不想麻烦子女，很多事情都花钱请人来做。但是，用钱来解决问题，就没有了人情味。张老太太最怕生病。每次看病，都要请人帮忙排队挂号，还要四处求人陪她去看病。去年生病住进了医院，整整一个月，她都是一个人在病床上过的。

老人们需要亲情，子女的亲情对老人来说是非常重要的。在日本、香港等地，孩子们和父母保持"一碗汤"的距离，意思是子女们虽然与父母分开住，但住得很近，孩子把一碗热汤送到父母家中，汤还没凉。

上海目前有近100萬的老人不和子女住在一起，而到2025年，將有80%～90%的老人不和子女住在一起。

第三课 实在没办法

目前，上海的空巢老人越来越多，他們需要親情，但他們的子女工作很忙，沒時間和老人呆在一起。

有一位姓張的老太太，今年75歲。自從前幾年最後一個孩子搬進新家後，張老太太也成了空巢老人中的一員。她一個人住在一個空蕩蕩的大房子裏。張老太太有8個孩子，5個在外地，3個在上海，但都住得很遠。去年365天中，她和子女呆在一起的時間祇有5天。

張老太太有自己的想法，她不想麻煩子女，很多事情都花錢請人來做。但是，用錢來解決問題，就沒有了人情味。張老太太最怕生病。每次看病，都要請人幫忙排隊掛號，還要四處求人陪她去看病。去年生病住進了醫院，整整一個月，她都是一個人在病床上過的。

老人們需要親情，子女的親情對老人來說是非常重要的。在日本、香港等地，孩子們和父母保持"一碗湯"的距離，意思是子女們雖然與父母分開住，但住得很近，孩子把一碗熱湯送到父母家中，湯還沒涼。

Mots supplémentaires

目前	M.T.	mùqián	présent, en ce moment	
空巢	N.	kōngcháo	nid vide	
亲情	N.	qīnqíng	affection	親情
空荡荡	Adj.	kōngdāngdāng	vide, désert	空蕩蕩
人情味	N.	rénqíngwèi	sentiment humain	
排队	V.O.	pái duì	faire la queue	排隊
保持	N.	bǎochí	maintenir, garder	
碗	Spéc.	wǎn	bol	
距离	N.	jūlí	distance	距離

根据短文内容，判断下面说法是否正确：Indiquez《vrai》ou《faux》à la fin des phrases suivantes selon le contenu du texte précédent:

1. 到2025年，上海将有100万老人和自己的孩子"分居"。（   ）
2. 目前，上海的空巢老人越来越多。（   ）
3. 张老太太的8个孩子都不住在上海。（   ）
4. 张老太太最怕子女去看她。（   ）
5. 张老太太生病的时候最高兴，因为那个时候，子女可以去看她。
（   ）

6. 去年，张老太太生病，住了5天的医院。　　　　　　（　）
7. 去年，张老太太和子女住在一起的时间只有5天。　　（　）
8. 本文的意思是希望子女要常常送一碗汤给父母。　　　（　）
9. 本文的意思是说亲情是很重要的。　　　　　　　　　（　）

五、语段写作　　V. Exercice d'écriture

把你对工作的看法写下来。

Rédigez un paragraphe où vous exposerez votre point de vue sur le travail.

第四课 老师有请
Dì-sì kè   Lǎoshī yǒu qǐng
Leçon quatre   Le professeur l'a demandé

一、词语和结构　I. Les mots et les structures

1. 朗读下列词语：Lisez à haute voix les expressions suivantes:

不利　对成长不利　对学习不利　对你不利　对我们不利
对国家不利　不利于成长　不利于学习　不利于国家　不利于民族
有利　对成长有利　对学习有利　对你有利　对我们有利
对国家有利
有利于成长　有利于学习　有利于国家　有利于民族
好大　好高　好难　好聪明　好顺利　好亲切
学生多的是　老师多的是　朋友多的是　钱多的是

2. 替换对话：Exercices de substitution:

(1) A：您办这所小学还顺利吗？
　　B：不太顺利。

> 去中国旅行
> 开这家饭馆儿
> 做这个工作
> 这次考试
> 这次旅行

23

(2) A：是没有<u>学生</u>吗？
B：不，<u>学生</u>多的是。

老师
资金
朋友
衣服
教室

(3) A：您怎么把 <u>希望小学</u> <u>办到</u> <u>城里</u> 来了？
B：是这样的，……

汽车　开到　学校里
老师　请到　家里
桌子　搬到　外面

3. 辨字组词：Identifiez les caractères suivants, puis formez des mots avec eux :

详 _____　　　样 _____
难 _____　　　推 _____
谁 _____　　　准 _____
投 _____　　　没 _____
顺 _____　　　颗 _____
妙 _____　　　炒 _____
吵 _____　　　沙 _____

4. 选词填空：Remplissez les blancs avec les mots suivants :

资金　钱

(1) 他的公司很大，_____ 自然也就很多。
(2) 小王他们家很有 _____。

好　真

(3) 我们这儿有 _____ 几个叫王天明的。
(4) 哇，你们家可 _____ 漂亮！

(5) _____ 漂亮的衣服！

(6) 我们 _____ 几年没见面了，你在忙什么？

5. **给括号里的词选择一个合适的位置**：Trouvez la bonne place dans chaque phrase suivante pour les mots entre parenthèses:

   (1) 我 A 目前 B 最大的困难 C 可以说 D 缺少更多的资金。　　（是）

   (2) A 这样 B 下去，我一定 C 能赚到更 D 多的钱。　　（再）

   (3) A 他们都已经回家了，B 小张 C 一个人还在学校里 D 学习。　　（只有）

   (4) 我 A 没来过 B 法国，对这儿的 C 事情不 D 太清楚。　　（以前）

   (5) 高老师 A 说了半天，B 我们 C 明白了 D。　　（总算）

6. **把所给的词组成句子**：Construisez une phrase en mettant les mots suivants dans le bon ordre:

   (1) 对　饭馆儿　事儿　的　小王　您　很　感兴趣　开

   (2) 上大学　美国　人　的　来　多　越来越

   (3) 肯定　是　女儿　妈妈　惹　又　了　生气

   (4) 好好儿　同学　你　你们　一定　管管　要　的　男　班　那些

   (5) 有点儿　的　地　时候　小王　上课　难为情　说　一句话　了

   (6) 他们　我　都　莫名其妙　看着　眼睛　地　瞪大了

7. **用"多的是"改说下列句子**：
   Refaites les phrases suivantes en utilisant "多的是":

   例：学生很多。→ 学生多的是。

   (1) 他爸爸的钱很多。

   (2) 我们国家有很多好玩儿的地方。

(3) 现在，离婚的人太多了！

(4) 这家饭馆儿有很多好吃的东西。

(5) 在纽约，像他那样的大老板真是太多了。

(6) 来我们这儿学习汉语的人很多。

8. 用下面所给的词填空：Remplissez les blancs avec les mots suivants:

困难　参观　投资　觉得　希望　缺少　打工　可惜　一样　兴趣

今天，我和朋友高一飞一起去_____了一所小学。我对这所学校很感_____，因为它和别的学校不_____。它是赵校长一个人_____办起来的。赵校长说，他们县来上海_____的人很多，可很多孩子来上海以后就不上学了。他_____孩子们不上学，以后就没有_____，所以他就办了这所学校。

办学校，_____可不少。赵校长说，他最大的困难就是_____资金。我真想帮助他，_____我不是大老板，没有那么多钱！

9. 把下面的句子翻译成中文：Traduisez les phrases suivantes en chinois:

(1) Je m'intéresse beaucoup à ce que vous avez raconté. J'aimerais que vous me le présentiez plus en détail.(对……感兴趣)

(2) Je trouve que ce qu'il a fait est très mauvais pour vous.(对……不利)

(3) On peut dire que la plus grande difficulté pour nous est le manque de capital. (……可以说是……)

(4) Je pense que tu as encore énervé tes parents ces derniers jours.(惹……生气)

(5) C'est déjà pas mal du tout qu'il ait pu faire ça.(算是)

(6) Nous avons ici plein de bonnes universités.(……多的是)

二、听力理解　II. Écoute et compréhension

根据对话，选择正确的答案：
Écoutez les conversations destinées, puis choisissez la réponse appropriée :

对话：

1. A. 江。
   B. 王。
   C. 谢。
   D. 张。

2. A. 唱歌。
   B. 喝水。
   C. 睡觉。
   D. 吃东西。

3. A. 第一。
   B. 倒数第一。
   C. 第三。
   D. 倒数第三。

4. A. 老师。
   B. 父母。
   C. 男同学。
   D. 女同学。

短文：

根据短文，回答下面的问题：
Répondez aux questions suivantes d'après le contenu du texte précédent:

5. 马力是哪国人？

6. 马力最近迷上了中国的什么？

7. 赵校长的学校有没有很多人捐款？

8. 赵校长学校里的学生多不多？

9. 赵校长的学校办得顺利不顺利？他最缺少什么？

10. 我和马力有没有帮助他？为什么？

三、口语表达　III. Exercice oral

1. 互相问答：Dialoguez avec vos camarades:

   你喜欢什么样的学校？为什么？
   Quelle sorte d'universités aimez-vous? Pourquoi?
   你喜欢什么样的老师？为什么？
   Quelle sorte de professeurs aimez-vous? Pourquoi?

2. 讨论：Discussion:

   你们现在的学校和老师怎么样？你喜欢吗？为什么？
   Comment sont votre université et vos professeurs? Les aimez-vous? Pourquoi?

四、阅读理解　IV. Lecture et compréhension

　　加拿大华侨张文恩先生从1994年到现在一共为通江县捐款144万元修建希望学校——三合中学。
　　今年6月3日，张文恩、郑陆一、陈涛等四位旅加华侨参加了竣工剪彩仪式。张先生等在参观新建的校舍时，对有关单位修建希望学校时的努力和成绩表示非常满意，并表示还要向三合希望学校捐款80～100万元修建教学楼；投资200～300万元修建教师宿舍。
　　在剪彩仪式上，张先生为解决学校贫困学生上学困难捐赠4万元，向学校捐赠绿化款10万元；8月初，他又向学校捐赠10万元。同张先生一起剪彩的郑陆一先生向三合希望学校捐赠8万元的教学物品。张先生还表示，以后每年向学校捐赠4万元，解决贫困学生的上学困难；考上大学专科以上的学生，每人给奖学金1万元；考上研究生和出国留学的学生，所需费用由他全部解决。

　　加拿大華僑張文恩先生從1994年到現在一共爲通江縣捐款144萬元修建希望學校——三合中學。

　　今年6月3日，張文恩、鄭陸一、陳濤等四位旅加華僑參加了竣工剪綵儀式。張先生等在參觀新建的校舍時，對有關單位修建希望學校時的努力和成績表示非常滿意，並表示還要向三合希望學校捐款80～100萬元修建教學樓；投資200～300萬元修建教師宿舍。

　　在剪綵儀式上，張先生爲解決學校貧困學生上學困難捐贈4萬元，向學校捐贈綠化款10萬元；8月初，他又向學校捐贈10萬元。同張先生一起剪綵的鄭陸一先生向三合希望學校捐贈8萬元的教學物品。張先生還表示，以後每年向學校捐贈4萬元，解決貧困學生的上學困難；考上大學專科以上的學生，每人給獎學金1萬元；考上研究生和出國留學的學生，所需費用由他全部解決。

Les mots supplémentaires

华侨	N.	huáqiáo	Chinois d'outre-mer	華僑
修建	V.	xiūjiàn	construire, ériger	
竣工	V.	jùngōng	achever; achèvement	
剪彩	V.O.	jiǎn cǎi	couper le ruban de l'inauguration	剪綵
校舍	N.	xiàoshě	cité universitaire, residence universitaire	
成绩	N.	chéngjì	résultat, succès	成績
表示	V.	biǎoshì	exprimer, indiquer	
贫困	Adj.	pínkùn	pauvre, démuni	貧困
捐赠	V.	jiānzèng	offrir, donner, contribuer	捐贈
物品	N.	wùpǐn	articles, matériaux	
专科	N.	zhuānkē	université secondaire	專科
奖学金	N.	jiǎngxuéjīn	bourse d'études	獎學金
研究生	N.	yánjiūshēng	étudiant en master	
费用	N.	fèiyōng	dépenses, frais	費用

Nom propre

张文恩	Zhāng Wénēn		張文恩
郑陆一	Zhèng Lùyī		鄭陸一
陈涛	Chén Tāo		陳濤
通江县 三合中学	Tōngjiāng Xiàn Sānhé Zhōngxué	École secondaire Sanhe du district Tongjiang	通江縣 三合中學

根据短文内容，判断下面说法是否正确：Indiquez《vrai》ou《faux》à la fin des phrases suivantes selon le contenu du texte précédent:

1. 张文恩先生从1994年到现在一共为通江县三合中学捐款300万元。（　）
2. 张文恩先生表示还要向三合希望学校捐款200～300万元修建教学楼。（　）
3. 郑陆一先生向三合希望学校捐赠8万元的教学物品。（　）
4. 郑陆一先生被聘请为通江县三合希望中学名誉校长。（　）
5. 张先生表示，每年向学校捐赠4万元；并对考上研究生和出国留学的学生每人给奖学金1万元。（　）
6. 张先生为学校捐赠绿化款10万元。（　）
7. 张先生对有关单位修建希望学校时的努力和成绩很满意。（　）

五、语段写作　　V. Exercice d'écriture

我们的学校。
Notre école.

Dì-wǔ kè　Zhòng cǎi
第 五 课　中　彩
Leçon cinq Gagner à la loterie

一、词语和结构　I. Les mots et les structures

1. 朗读下列词语：Lisez à haute voix les expressions suivantes:

中彩　中奖　中大奖　中了奖　中过奖　中了大奖　中了头奖
读者　作者　前者　后者　强者　弱者　工作者
消费者　　改革者
完全同意　　完全负责　　完全满足　　完全能够实现
完全好了　　完全拼好了　　完全做好了　　完全忘了

2. 替换对话：Exercices de substitution:

(1) 把 4 换成 8。

9	6
10	3
你	他
书	笔

(2) 这个号你不要，别人也不要，那怎么办？

本书	用	用
个工作	做	做
个汤	喝	喝
个菜	吃	吃

（3）怎么办我不管，反正我不要这个号码。

用这本书
做这个工作
喝这个汤
吃这个菜
买这件衣服

（4）你这个人怎么这么迷信。

麻烦
着急
不客气
不相信别人

（5）不发也不能死呀！

吃　　丢
喜欢　扔掉
高兴　骂人

（6）不想 中奖 买彩票 干什么？

喝酒　拿杯子
旅游　买飞机票
学习　来学校
赚钱　开公司

（7）您是否买过彩票？

学过汉语
吃过中国菜
去过北京
打过冰球

3. **辨字组词**：Identifiez les caractères suivants, puis formez des mots avec eux:

利 _____　　　创 _____
赚 _____　　　歉 _____

第五课　中彩

经 _____　　　　轻 _____
愿 _____　　　　原 _____

4. 选词填空：Remplissez les blancs avec les mots suivants:

　　　　　　愿望　希望　失望

(1) _____ 越大，_____ 也越大。
(2) 我现在最大的 _____ 就是能和爸爸妈妈一起去中国旅游。

　　　　　　曾经　已经

(3) 他们 _____ 走了，我到哪儿去找？
(4) 我以前 _____ 去过北京。

5. 给括号里的词选择一个合适的位置：Trouvez la bonne place dans chaque phrase suivante pour les mots entre parenthèses:

(1) A 我 B 记不清 C 以前跟他见过面 D。　　　　　　（是否）
(2) A 小王 B 不太喜欢 C 吃中国饭，但现在却天天 D 吃。（曾经）
(3) 能 A 去中国 B 留学的人 C 不是 D 很多。　　　　　（毕竟）
(4) A 一个月 B 以后，C 他妈妈的病 D 好了。　　　　　（完全）
(5) 做人 A 也不能太 B 聪明，C 太聪明 D 会对自己不利。（反而）

6. 把所给的词组成句子：Construisez une phrase en mettant les mots suivants dans le bon ordre:

(1) 这台空调　我们　给您　送去　派人　今天下午　会

(2) 事儿　多　这个人　怎么　你　这么

(3) 衣服　这件　喜欢　不　反正　我

(4) 是否　明星　自己　成为　梦想　过　曾经　你

(5) 最　干什么　想　大奖　假若　中　您　了

(6) 不但 反而 不会 我 觉得 钱 麻烦 幸福 多 很多 带来 有 会

7. 用"不想+V₁+（我）+V₂+干什么"改说下面的句子：
Refaites les phrases suivantes en utilisant "不想+V₁+（我）+V₂+干什么"：

例：不想中奖就不会买彩票了。→ 不想中奖买彩票干什么？

(1) 不想学汉语我就不来中国了。

(2) 不想喝水就不拿杯子了。

(3) 不想看球我就不开电视了。

(4) 不想游泳就不买泳衣了。

(5) 不想去旅游就不买飞机票了。

(6) 不喜欢你我就不来找你了。

8. 用下面所给的词填空：Remplissez les blancs avec les mots suivants:

选择 认为 顺利 吉利 流行 当然 换 意味着 也许 号码

生活中，我们总是认为有些号码＿＿＿＿，有些号码不吉利或者不太吉利。比如，我们常常＿＿＿＿"3"就意味着"散"（分开），"4"则意味着"死"，"7"就是"生气"。所以，我们常常不喜欢这些数字。但是，如果我们把"散"、"死"、"生气"等＿＿＿＿成另外一些字的话，＿＿＿＿你就会喜欢上他们了。

最近，在上海就＿＿＿＿这样的说法："3"＿＿＿＿"升"，"4"意味着"事事＿＿＿＿"，"7"则是"齐心协力"。每个字都好得不得了。于是，这些以前人们不喜欢的＿＿＿＿一下子流行了起来。

＿＿＿＿，以前人们喜欢的6（顺利）和8（发），还和以前一样，还是人们＿＿＿＿的对象。

第五课 中 彩

9. 把下面的句子翻译成中文：Traduisez les phrases suivantes en chinois:

(1) Si vous gagnez à la loterie, comment vous allez dépenser le gain?
（假如……，会……）

(2) À mon avis, vous devriez laisser tomber. Faire fortune, c'est n'importe quoi.
（什么X不X的）

(3) Même si vous ne l'aimez pas, vous ne pouvez quand même pas le jeter!
（不……也不能……）

(4) Dans notre école, il y a moins de 30% d'étudiants qui viennent de Chine.
（成）

(5) Tout ce qui est déjà décidé ne peut être modifié sans raison.（更改）

二、听力理解　II. Écoute et compréhension

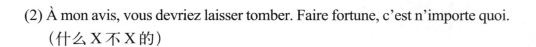

根据对话，选择正确的答案：
Écoutez les conversations destinées, puis choisissez la réponse appropriée:

对话：
1. A. 父女。
   B. 母子。
   C. 师生。
   D. 恋人。

2. A. 5月4号。
   B. 5月8号。
   C. 5月14号。
   D. 5月18号。

3. A. 5月4号。

B. 5月8号。
C. 5月14号。
D. 5月18号。

4. A. 她不想发财。
   B. 她不想死。
   C. 她在发烧，很难过。
   D. 她想发财。

短文：
根据短文，回答下面的问题：
Répondez aux questions suivantes d'après le contenu du texte précédent:

5. "我"家里原来有没有电话？

6. "我"去的时候，他们给"我"的第一个号码好不好？

7. "我"为什么不喜欢带4的号码？

8. 最后，他们有没有给"我"换号码？

9. 新的号码"我"喜欢不喜欢？为什么？

三、口语表达　III. Exercices oraux

1. 互相问答：Dialoguez avec vos camarades:

你买过彩票吗？你中过奖吗？如果中过，中过什么样的奖？
Avez-vous déjà acheté des billets de loterie? Avez-vous déjà gagné à la loterie?
Si oui, quelle sorte de lot avez-vous gagné?

2. 讨论：Discussion:

你觉得中奖是否一定会带来幸福？为什么？
Pensez-vous que gagner à la loterie vous amènera le bonheur? Pourquoi?

四、阅读理解　IV. Lecture et compréhension

最近，很多彩票都开出了百万元的大奖，"我中了五百万会怎样？"我肯定不会快乐！这是我想了很久以后得出的结论。

我先得考虑我的承受能力。因为我一直很穷，面对这么一大笔钱，我的心跳不知道每分钟要跳几百次。如果跳得太快，把我给"跳"死了，那五百万对我来说，又有什么用呢？

有了那么多钱我也不安心：怕小偷来偷，怕坏人来抢。本来只要一躺下就能睡着，结果弄得夜夜睡不着。亲戚朋友都来借，又带来许多不愉快。这么多钱怎么用，太太的想法要是跟我不一样，那就会吵架。假如用来吃喝玩乐吧，早晚得坐吃山空，说不定还会养成不少坏习惯。

没有钱的时候，会有许多愿望，会去努力奋斗，从中得到许多乐趣。中奖了，许多愿望一下子实现了，就没有了努力和奋斗的目标，整天什么事也不做，那是比什么都可怕的事情。

最近，很多彩票都開出了百萬元的大獎，"我中了五百萬會怎樣？"我肯定不會快樂！這是我想了很久以後得出的結論。

我先得考慮我的承受能力。因為我一直很窮，面對這麼一大筆錢，我的心跳不知道每分鐘要跳幾百次。如果跳得太快，把我給"跳"死了，那五百萬對我來說，又有甚麼用呢？

有了那麼多錢我也不安心：怕小偷來偷，怕壞人來搶。本來祇要一躺下就能睡著，結果弄得夜夜睡不著。親戚朋友都來借，又帶來許多不愉快。這麼多錢怎麼用，太太的想法要是跟我不一樣，那就會吵架。要是用來吃喝玩樂吧，早晚得坐吃山空，說不定還會養成不少壞習慣。

沒有錢的時候，會有許多願望，會去努力奮鬥，從中得到許多樂趣。中獎了，許多願望一下子實現了，就沒有了努力和奮鬥的目標，整天甚麼事也不做，那是比甚麼都可怕的事情。

Les mots supplémentaires

结论	N.	jiélùn	conclusion	結論
承受	V.	chéngshòu	supporter, endurer	
穷	Adj.	qióng	pauvre	窮
面对	V.	miànduì	faire face à, confronter	面對
心跳	V.O.	xīntiào	battement de coeur	
安心	Adj.	ānxīn	être tranquille	
抢	V.	qiǎng	piller, voler (avec violence)	搶
吃喝玩乐		chī hē wán lè	《manger, boire et s'amuser》, mener une vie de plaisirs	吃喝玩樂
坐吃山空		zuò chī shān kōng	"quand on reste manger sans rien faire, même un immense capital finit par s'épuiser"	
奋斗	V.	fèndòu	combattre, lutter pour	奮鬥
乐趣	N.	lèqù	plaisir, joie	樂趣
目标	N.	mùbiāo	but, objectif	目標
可怕	Adj.	kěpà	terrible, épouvantable	

根据短文内容，判断下面说法是否正确：Indiquez 《vrai》 ou 《faux》 à la fin des phrases suivantes selon le contenu du texte précédent :

1. 买彩票不可能中百万大奖。   （　）
2. "我"想，中了500万一定很幸福。   （　）
3. "我"一直很有钱，所以不想中大奖。   （　）
4. 把钱放在家里，"我"不安心。   （　）
5. "我"以前睡觉睡得很好。   （　）
6. "我"现在比以前更穷。   （　）
7. 努力奋斗也有很多乐趣。   （　）
8. 没有目标的生活是没有意思的。   （　）

五、语段写作　　V. Exercice d'écriture

中奖会带来幸福吗？
Gagner à la loterie peut-il vous apporter le bonheur?

> Dì-liù kè Shuāng tǎ duìhuà
> 第 六 课   双   塔 对话
> Leçon six Le dialogue entre les deux tours

一、词语和结构   I. Les mots et les structures

1. 朗读下列词语：Lisez à haute voix les expressions suivantes:

   双塔　　双手　　双眼　　双号　　双数　　双方　　双赢　　男女双打
   笑星　　歌星　　影星　　球星　　明星　　福星
   标志性　　科学性　　计划性　　可能性　　实用性
   通过卫星互相问好　　通过电子邮件聊天儿　　通过电视表示祝愿
   气氛热烈　　热烈欢迎　　讨论很热烈

2. 辨字组词：Identifiez les caractères suivants, puis formez des mots avec eux:

   晚 _____　　　挽 _____
   纪 _____　　　记 _____
   氛 _____　　　份 _____
   布 _____　　　市 _____
   福 _____　　　副 _____

3. 找出下面词语的同义词/近义词：Reliez les mots à gauche avec leurs synonymes à droite:

   （1）祝福　　　a. 友谊
   （2）热烈　　　b. 一般
   （3）友好　　　c. 晚上
   （4）凌晨　　　d. 祝愿

(5) 夜晚　　　　e. 热情
(6) 更改　　　　f. 改变
(7) 是否　　　　g. 早晨
(8) 普通　　　　h. 是不是

4. 选词填空：Remplissez les blancs avec les mots suivants:

　　　　　　　热烈　　热情

(1) 我们对张先生的到来，表示最 _____ 的欢迎！
(2) 中国人很 _____，不管你走到哪儿，他们都会 _____ 地招待你们。
(3) 对于这个问题，同学们讨论得非常 _____。

5. 给括号里的词选择一个合适的位置：Trouvez la bonne place dans chaque phrase suivante pour les mots entre parenthèses:

(1) 许多 A 国际知名的影星都 B 来过 C 上海 D。　　　　（先后）
(2) 我们 A 已经 B 做完一部分了，你 C 做吧 D！　　　　（接着）
(3) 我 A 给你 B 打电话 C 打了 D 十次，都没人接。　　　　（不下）
(4) 从今天起，A 你们 B 就 C 成为 D 东方大学的学生了。　　　　（正式）
(5) 让 A 我们 B 为他 C 祝福，祝愿他 D 早日学成回国！　　　　（一起）

6. 把所给的词组成句子：Construisez une phrase en mettant les mots suivants dans le bon ordre:

(1) 国际卫星　一个　小时　多　进行　的　一次　了　通过　世纪对话　他们

(2) 是　悉尼　悉尼歌剧院　建筑　的　标志性

(3) 通过　问好　祝福　生活　元首　两国　两国　人民　电话　互相　并　幸福

(4) 的　新世纪　明天　谈起　大学生们　美好　了

(5) 的　友好　双方　中美　会谈　气氛　是……的　在……中　进行　非常

7. 用"不管……还是……"改说下面的句子：
   Refaites les phrases suivantes en utilisant "不管……还是……"：

   例： 上海和多伦多，气氛都非常热烈。
   → 不管是上海还是多伦多，气氛都热烈得很。

   （1）他们夫妻俩都觉得要孩子是件很麻烦的事。

   （2）纽约和华盛顿，我觉得都应该去看看。

   （3）汉语和英语，对外国人来说都是很难学的。

   （4）离婚和分居对孩子都没什么好处。

8. 用下面所给的词填空：Remplissez les blancs avec les mots suivants:

   感觉　夜晚　不错　登　世界　最　可惜　标志

   　　上海和多伦多我都去过，说真的，两个城市都_____。尤其是两个城市的电视塔，更可以说是两个城市的_____。东方明珠电视塔468米高，在亚洲是_____高的；而多伦多电视塔则高达553.3米，是全_____的最高塔。
   　　如果你_____上东方明珠广播电视塔，你就可以看到整个上海的风景，尤其是_____，黄浦江的夜景真是漂亮极了！
   　　_____的是，我在多伦多的呆的时间很短，没来得及登电视塔，所以不知道在塔上的_____会是怎样。但我想，一定会更好！

9. 把下面的句子翻译成中文：Traduisez les phrases suivantes en chinois:

   (1) Bien qu'on soit loin de l'un l'autre, on peut souvent bavarder par téléphone.
   　　（虽然……，但是……）

   (2) En face arrivent deux personnes, un homme et une femme.
   　　（一个……，一个……）

(3) C'est un chanteur très célèbre, nous le connaissons très bien.(有名)

(4) Pour faire des études universitaires ici, il faut au moins cent mille yuan par an.(不下)

(5) À Shanghai ou à Toronto, l'ambiance dans les deux tours était aussi chaleureuse et enthousiaste.(不管……都……)

二、听力理解　II. Écoute et compréhension

根据对话，选择正确的答案：
Écoutez les conversations destinées, puis choisissez la réponse appropriée:

对话：

1. A. 饭店服务员。
   B. 商店服务员。
   C. 大夫。
   D. 老师。

2. A. 喜欢红的，不喜欢黑的。
   B. 喜欢黑的，不喜欢红的。
   C. 红的和黑的都喜欢。
   D. 红的和黑的都不喜欢。

3. A. 男的很想离婚。
   B. 女的希望男的离婚。
   C. 男的就要离婚了。
   D. 男的还没结婚。

4. A. 认为男的这次肯定会中奖。
   B. 认为男的肯定会发财的。

C. 认为男的生病发烧了。
D. 认为男的在做白日梦。

5. A. 很有用。
   B. 很有名。
   C. 不太漂亮。
   D. 没什么用。

6. A. 男的。
   B. 女的。

三、口语表达　III. Exercices oraux

1. 互相问答：Dialoguez avec vos camarades:

   你们城市的标志性建筑是什么？它是干什么用的？
   Quelle est la construction la plus symbolique de votre ville? Quelle est sa fonction?

2. 讨论：Discussion:

   你喜欢你们城市的标志性建筑吗？为什么？
   Aimez-vous la construction la plus symbolique de votre ville? Pourquoi?

四、阅读理解　IV. Lecture et compréhension

"上海－巴黎2001的跨越"系列活动之一——上海东方明珠塔和巴黎艾菲尔铁塔友好交往活动，今天在这里的艾菲尔铁塔上举行。这是今年年初东方明珠塔与加拿大多伦多塔结为友好塔之后，世界著名高塔之间的又一次"对话"。

巴黎艾菲尔铁塔有100多年的历史，是法国浪漫文化的象征，每年登塔的来自世界各地的旅游者居世界高塔之首。东方明珠塔是上海大都市的象征，它与旁边的现代化建筑群、黄浦江对岸的万国建筑群交相辉映，其旅游收入居世界高塔之首。

双塔间的友好交往活动在艾菲尔大厅内举行，"东方明珠"艺术图片

第六课 双塔对话

展引起了很多人的兴趣。艾菲尔塔总经理和东方明珠塔总经理互相赠送了纪念品。

　　"上海－巴黎2001的跨越"系列活動之一——上海東方明珠塔和巴黎艾菲爾鐵塔友好交往活動,今天在這裏的艾菲爾鐵塔上舉行。這是今年年初東方明珠塔與加拿大多倫多塔結爲友好塔之後,世界著名高塔之間的又一次"對話"。

　　巴黎艾菲爾鐵塔有100多年的歷史,是法國浪漫文化的象徵,每年登塔的來自世界各地的旅游者居世界高塔之首。東方明珠塔是上海大都市的象徵,它與旁邊的現代化建築群、黃浦江對岸的萬國建築群交相輝映,其旅游收入居世界高塔之首。

　　雙塔間的友好交往活動在艾菲爾大廳內舉行,"東方明珠"藝術圖片展引起了很多人的興趣。艾菲爾塔總經理和東方明珠塔總經理互相贈送了紀念品。

Les mots supplémentaires

跨越	V.	kuàyuè	traverser	
系列	N.	xìliè	série	
群	V.	qún	groupe	
对岸	N.	duì'àn	l'autre rive	對岸
交相辉映		jiāo xiāng huī yìng	《augmenter réciproquement le rayonnement et la beauté》	交相輝映
艺术	N.	yìshù	art	藝術
图片	N.	túpiàn	peinture, photo	圖片
展	N.	zhǎn	exposition	
赠送	V.	zēngsòng	offrir	贈送
纪念品	N.	jìniànpǐn	souvenir	紀念品

Nom propre

巴黎	Bālí	Paris	
艾菲尔铁塔	Āifēi'ěr Tiě Tǎ	Tour Eiffel	艾菲爾鐵塔
法国	Fǎguó	France	法國
黄浦江	Huángpǔ Jiāng	Rivière Huangpu	

根据短文内容，判断下面说法是否正确：Indiquez《vrai》ou《faux》à la fin des phrases suivantes selon le contenu du texte précédent:

1. 上海东方明珠塔有100多年的历史。　　　　　　　　　　（　）
2. 埃菲尔铁塔的旅游收入在世界高塔中是最高的。　　　　（　）
3. 每年登埃菲尔铁塔的旅游者是世界高塔中最多的。　　　（　）
4. 埃菲尔塔在东方明珠塔内举行了一次艺术图片展览。　　（　）
5. 上海东方明珠塔是上海浪漫文化的象征。　　　　　　　（　）
6. 上海东方明珠塔和巴黎埃菲尔铁塔的对话是世界高塔历史上的第一次。
　　　　　　　　　　　　　　　　　　　　　　　　　　（　）

五、语段写作　　V. Exercice d'écriture

写一段话，内容是关于你们城市的标志性建筑的。
Rédigez un paragraphe sur la construction la plus symbolique de votre ville.

Dì-qī kè Shàng wǎng
第七课　上　网
Leçon sept Surfer sur Internet

一、词语和结构　I. Les mots et les structures

1. 朗读下列词语：Lisez à haute voix les expressions suivantes:

上网　上楼　上床　上山　网上　楼上　床上　山上
渔网　网络　网恋　网友　网民　网虫　网站　因特网　关系网
别提了　别说了　别做了　别唱了　别去了　别卖关子了　别去上课了
大吃一惊　莫名其妙　五颜六色　人山人海　车水马龙　同病相怜
人满为患

2. 替换对话：Exercices de substitution:

（1）A：怎么这么<u>早</u>就<u>回来</u>了？
　　　B：别提了，我……

| 快 | 做完 |
| 一会儿 | 要走 |

（2）A：是不是<u>长得</u><u>不够漂亮</u>？
　　　B：如果只是<u>长得</u><u>不够漂亮</u>，那倒没什么。

说得	流利
做得	快
买得	多
学得	好

(3) A：你们猜一猜，跟我见面的白雪公主是谁？
B：得了，你就别卖关子了。

教我们汉语的老师
跟我们一起去旅游的
天天泡在网吧里的
给我写信的

(4) A：别笑了行不行？
B：好了，好了，不笑了。

骂
说
做

3. 辨字组词：Identifiez les caractères suivants, puis formez des mots avec eux:

猜 _____   请 _____
情 _____   清 _____
抱 _____   跑 _____
泡 _____   饱 _____
则 _____   责 _____
规 _____   贵 _____
观 _____   现 _____

4. 为下面的动词选择合适的搭配：Reliez le verbe à gauche avec son complément approprié à droite:

(1) 惹   a. 时间
(2) 中   b. 情况
(3) 实现   c. 老师
(4) 介绍   d. 酒吧
(5) 花   e. 麻烦
(6) 管   f. 地图
(7) 炒   g. 头彩
(8) 当   h. 梦想
(9) 拼   i. 孩子
(10) 泡   j. 鱿鱼

5. 选词填空：Remplissez les blancs avec les mots suivants:

> 自然　当然　突然

(1) 我躲在他的后面，他 _____ 看不见我。
(2) 小王 _____ 从教室里跑了出来，让我大吃一惊。
(3) 她说那句话的时候，样子有点儿不太 _____ 。
(4) 只要努力学习，_____ 就能考上好的大学。

> 熟练　熟悉

(5) 她才学了不到一星期，就能 _____ 地上网了。
(6) 他就住在我们家的旁边，我对他当然很 _____ 了。
(7) 我已经读了二十多遍了，当然读得很 _____ 了。

6. 给括号里的词选择一个合适的位置：Trouvez la bonne place dans chaque phrase suivante pour les mots entre parenthèses:

(1) 我们 A 猜呀猜，B 猜了好长时间，C 让我们给 D 猜出来了。　（终于）
(2) 因为你 A 不 B 说真话，别人 C 也就不会 D 说真话。　（当然）
(3) 他很 A 看着书，突然 B 听到了什么人的 C 叫声，D 慌慌张张地跑了出去。
　　　　　　　　　　　　　　　　　　　　　　　　　　（认真地）
(4) A 如果 B 颜色 C 不太好，D 那倒也没什么。　（只是）
(5) 奶奶 A 是个京剧迷，B 发现这个 C 网站以后，就 D 泡在里面。（经常）

7. 把所给的词组成句子：Construisez une phrase en mettant les mots suivants dans le bon ordre:

(1) 我　你们　吃　等　不　也　就　了　起来

(2) 猜　出来　可能　当然　你　不　得

(3) 我　老师　跟　考试　商量　事儿　的　得　去　了

(4) 很快　就　学会　太祖母　了

(5) 我　他　聊天　和　叫明子的人　发现　正　一位　很投入地

(6) 显得　进去　的时候　很慌张　我　她

8. 用"别+V.了+行不行？"改说下面的句子：
Refaites les phrases suivantes en utilisant "别 + V.了 + 行不行？"：

例：请你们不要再笑了。→ 别笑了行不行？

(1) 你今天就别走了吧?

(2) 请大家安静，不要再说话了。

(3) 你已经喝多了，不要再喝了。

(4) 网恋是一种游戏，不要太迷恋了。

9. 用下面所给的词填空：Remplissez les blancs avec les mots suivants:

成功　参加　真话　网恋　网上　上网　规则　温柔　游戏　见面　商量

现在，很多人都喜欢_____。有些年轻人还很喜欢在_____谈恋爱。其实，网恋只是一种_____，而这种游戏的一个很重要的_____就是不能见面，我们把这种情况叫做"见光死"。意思是说，_____的双方不能见面，一_____就会发现，实际和想象相差太远，就不再交往了。因为在网上，你可能不会跟对方说_____，对方当然和你一样也不说真话。这样一来，见了面就会很失望。

当然啦，网恋也有很_____的。我的女朋友丽丽就是我的网上恋人，她和我梦中的白雪公主完全一样：不但长得很漂亮，而且性格也非常_____。我们已经_____好了，下个星期天晚上8点，我们在网上举行婚礼，欢迎你来_____！

10. 把下面的句子翻译成中文：Traduisez les phrases suivantes en chinois:

(1) C'était notre camarade de classe de l'université, la plus laide des vilains petits canards.（难看）

(2) Si c'était seulement qu'elle manque de tendresse, ce ne serait pas grave.
（如果只是……，倒……）

(3) Ne te fais pas durer le suspense. Comment pourrions-nous deviner?
（卖关子）

(4) Il y a beaucoup de livres. Lis tout ce que tu veux.
（……什么就……什么）

(5) Je lui laisse souvent l'occasion de gagner de l'argent.（把……让给……）

(6) Je sais qu'il n'y a pas beaucoup d'accros à l'internet comme lui.（网虫）

二、听力理解　II. Écoute et compréhension

根据对话，选择正确的答案：

Écoutez les conversations destinées, puis choisissez la réponse appropriée:

对话：

1. A. 生病了。
   B. 很生气。
   C. 在搞网恋。
   D. 喜欢上网。

2. A. 夫妻。
   B. 母子。
   C. 父女。
   D. 朋友。

3. A. 丈夫。
   B. 妻子。
   C. 儿子。
   D. 爸爸。

4. A. 责怪。
   B. 喜欢。
   C. 高兴。
   D. 伤心。

短文：

5. A. 小饭馆儿。
   B. 网上。
   C. 公园。
   D. 不知道。

6. A. 很漂亮。
   B. 不漂亮。
   C. 可以相信。
   D. 不知道。

7. A. 7次。
   B. 3次。
   C. 1次。
   D. 很多次。

三、口语表达　III. Exercices oraux

1. 互相问答：Dialoguez avec vos camarades:

你喜欢上网吗？在网上，你常常干什么？

Aimez-vous surfer sur internet? Qu'est-ce que vous faites souvent sur internet?

2. 讨论：Discussion:

你怎么看网恋？

Quel est votre point de vue concernant l'amourette sur internet?

第七课 上 网

四、阅读理解　IV. Lecture et compréhension

网络，一个新的世界，人人都为它的到来而欢呼，因为有了它，世界变得更小了，人和人之间的距离也更近了。

网恋，好像是和网络同时出现的，是网络送给我们的礼物，但它却成为了比网络还要时髦的东西。

网恋开始的时候的确是美好的，带有极强的浪漫色彩。那么，是否每一个上网的人都要经历一次网恋呢？是否每个人都要在这虚幻的世界里创造出一份虚幻的感情呢？

有人说，网恋是某些人为了满足自己的某些欲望而产生的，他们把自己的某些能力变成语言能力表现出来，使自己得到满足。

当然，网恋有时也真的很美好，每个人都把对方想象得很美好，但他们同时又很担心"见光死"。

網絡，一個新的世界，人人都爲它的到來而歡呼，因爲有了它，世界變得更小了，人和人之間的距離也更近了。

網戀，好像是和網絡同時出現的，是網絡送給我們的禮物，但它却成爲了比網絡還要時髦的東西。

網戀開始的時候的確是美好的，帶有極強的浪漫色彩。那麽，是否每一個上網的人都要經歷一次網戀呢？是否每個人都要在這虛幻的世界裏創造出一份虛幻的感情呢？

有人說，網戀是某些人爲了滿足自己的某些欲望而産生的，他們把自己的某些能力變成語言能力表現出來，使自己得到滿足。

當然，網戀有時也真的很美好，每個人都把對方想象得很美好，但他們同時又很擔心"見光死"。

Les mots supplémentaires

欢呼	V.	huānhū	crier joie	歡呼
时髦	Adj.	shímáo	en vogue, à la mode	時髦
色彩	N.	sēcǎi	coloré, couleur	
虚幻	N.	xūhuàn	illusion, irréel	
创造	V.	chuàngzào	création	創造

欲望	N.	yùwàng	désir, souhait	
产生	V.	chǎnshēng	produire, engendrer	產生
语言	N.	yǔyán	langue	語言
表现	V.	biǎoxiàn	exprimer, montrer ; manifester	表現
想象	V.	xiǎngxiàng	imaginer	

根据短文内容，判断下面说法是否正确：Indiquez《vrai》ou《faux》à la fin des phrases suivantes selon le contenu du texte précédent:

1. 网络使世界变得更小了。　　　　　　　　　　　　　（　　）
2. 网恋比网络出现得早。　　　　　　　　　　　　　（　　）
3. 网恋可能更时髦。　　　　　　　　　　　　　（　　）
4. 很多人都认为网恋是美好的象征。　　　　　　　　　　　　　（　　）
5. 网恋的确很浪漫。　　　　　　　　　　　　　（　　）
6. 网恋的产生跟人们的欲望没有关系。　　　　　　　　　　　　　（　　）

五、语段写作　　V. Exercice d'écriture

请谈谈你对网恋的看法。

Rédigez un paragraphe où vous exposez votre point de vue sur amourette sur internet.

Dì-bā kè Nánrén nán háishi nǚrén nán?
第八课 男人 难 还是 女人 难？
Leçon huit Quel est le plus difficile, être homme ou femme?

一、词语和结构   I. Les mots et les structures

1. 朗读下列词语：Lisez à haute voix les expressions suivantes:

自觉　自愿　自动　自行车
自然　大自然　自然界　表情自然　语调自然　自然知道
自然明白
自上海到北京　来自上海　来自社会　来自生活　来自课本
译自《读者文摘》
湿漉漉　湿淋淋　白花花　绿油油　黑糊糊　干巴巴
黄灿灿（cāncān）

2. 替换对话：Exercices de substitution:

(1) A：事情都干完了吗？又看电视。
　　B：还有什么事儿？

　　　　　玩儿球
　　　　　玩儿游戏
　　　　　睡觉

(2) A：饭难道不是我做的？
　　B：不，我不是这个意思。

　　　　　衣服　洗
　　　　　活动　安排
　　　　　机票　买

(3) A：好，好，我去洗。
　　B：这还差不多。

买
做
睡

(4) A：我觉得你穿什么衣服都好看。
　　B：去你的！

做	饭	吃
说	话	听
唱	歌	听
画	画儿	看

3. 辨字组词：Identifiez les caractères suivants, puis formez des mots avec eux:

漂 _____　　　瓢 _____
代 _____　　　化 _____
念 _____　　　思 _____
担 _____　　　但 _____　　　坦 _____
话 _____　　　活 _____　　　刮 _____

4. 找出下面词语的反义词：Reliez les mots à gauche avec leurs antonymes à droite:

(1) 湿　　　　a. 假
(2) 真　　　　b. 进去
(3) 出来　　　c. 好看
(4) 难看　　　d. 干

5. 选词填空：Remplissez les blancs avec les mots suivants:

自觉　自然　觉得　感受　必须

(1) 你 _____ 小王怎么样？
(2) 我们都是学生，_____ 应该努力学习。
(3) 这孩子一点儿也不 _____，老是要爸爸妈妈管着。
(4) 明天就要考试了，我现在 _____ 好好儿地复习一下。

（5）别再问了，我真的是什么 _____ 也没有。

6. 给括号里的词选择一个合适的位置：Trouvez la bonne place dans chaque phrase suivante pour les mots entre parenthèses:

（1）A女人B要做出更多的努力C才能D得到和男人一样的机会。（常常）
（2）随着A年龄的增长，B我对C父母的理解D越来越多了。（也）
（3）不管A是男人还是女人，B家庭生活C应该是D非常重要的。（都）
（4）我A一定要找到他，B只有C他D才能帮助我。（因为）

7. 用所给词语完成句子：Complétez la phrase en utilisant les mots ou expressions entre parenthèses.

（1）只要认真去做，_____。（自然）
（2）我喜欢的人，他_____。（必须）
（3）_____，我越来越喜欢中国了。（随着）
（4）很多人都说汉语很难，那是_____。（因为）
（5）在很多家庭里，孩子是最重要的，_____。
（以……为……）

8. 请给下列句子重新排序：Construisez une phrase en mettant les composants de phrase dans le bon ordre:

（1）A. 男人都要面对巨大的压力　　B. 还是现代社会
　　C. 不管是传统社会　　　　　　D. 所以说做男人更难

（2）A. 干好工作　　　　　　　　　B. 而且还要像男人一样
　　C. 女人不但当好贤妻良母　　　D. 并感受自己工作中的酸甜苦辣

（3）A. 而在生活上女人比男人强　　B. 但事实却不总是这样
　　C. 在工作中男人比女人强　　　D. 我们常常觉得

9. 把下面的句子翻译成中文：Traduisez les phrases suivantes en chinois:

（1）Il s'agit simplement de laver quelques vêtements, fais-le s'il te plaît.
（不就……嘛，你就……）

(2) Ne m'as-tu pas dit que quoi que je fasse, tu m'aideras?(不是……吗)

(3) Les gens disent que la Chine est un pays où l'homme est le centre du monde. En réalité, il en est de même dans beaucoup d'autres pays. (以……为……)

(4) La pression supportée par l'homme est beaucoup plus importante que celle endurée par la femme.(……比……得多)

(5) Finalement, elle a cessé d'être triste et elle est sortie de ses problèmes. (不再)

(6) En tant que professeur, j'ai la responsabilité de t'aider à passer les examens pour que tu puisses entrer dans une bonne université.(作为……)

二、听力理解　　II. Écoute et compréhension

根据对话，选择正确的答案：

Écoutez les conversations destinées, puis choisissez la réponse appropriée:

对话：

1. A. 家里。
   B. 服装店。
   C. 饭店。
   D. 公园。

2. A. 师生。
   B. 父女。
   C. 夫妻。
   D. 母子。

3. A. 很高兴。
   B. 有点儿生气。
   C. 不喜欢漂亮的衣服。
   D. 不喜欢说"可是"。

短文：

4. A. 地位不高。
   B. 地位很高。
   C. 地位跟男人一样。
   D. 地位越来越高。

5. A. 学习上。
   B. 工作上。
   C. 家庭生活上。
   D. 以上三个方面。

6. A. 在有些地方，还有很多人不喜欢女儿。
   B. 现在，很多人家里都有两三个孩子。
   C. 对爸爸妈妈来说，男孩还是女孩变得越来越重要了。
   D. 现在的孩子只能姓爸爸的姓。

三、口语表达　III. Exercices oraux

1. 互相问答：Dialoguez avec vos camarades:

   你希望自己是男人还是女人？为什么？
   Souhaitez-vous être un homme ou une femme? Pourquoi?

2. 讨论：Discussion:

   男人难还是女人难？
   Quel est le plus difficile, être un homme ou une femme?

四、阅读理解　IV. Lecture et compréhension

　　一般来说，我们总是认为男人比女人更强，可是，英国医生多年研究发现，男人受到的意外伤害要比女人多得多，发育不良的男孩也比女孩多2到3倍，而且，男人比女人更容易疲劳，更容易产生自杀的想法。

　　在工作中，男人比女人强，我们常常这样想，但事实却是——男人不能像女人那样同时做好几件事。试验表明，女人在一定的时间里，可以洗完碗、泡完咖啡、煎完鸡蛋等，男人却只能完成其中的一项工作。

　　当然，男人比女人强的地方也很多。比如，男人的方向感比女人要强得多，美国一位大学教授的试验证明了这一点。还有，男人的性欲也比女人强。人的下丘脑分管性欲和性行为，男人的下丘脑是女人的2.5倍，"性欲中心"也比女人大一倍。但奇怪的是，调查表明，抱怨丈夫性欲太强的女人日益减少，对丈夫性能力表示不满的女人却日益增多。

　　一般来說，我們總是認爲男人比女人更强，可是，英國醫生多年研究發現，男人受到的意外傷害要比女人多得多，發育不良的男孩也比女孩多2到3倍，而且，男人比女人更容易疲勞，更容易產生自殺的想法。

　　在工作中，男人比女人强，我們常常這樣想，但事實却是——男人不能像女人那樣同時做好幾件事。試驗表明，女人在一定的時間裏，可以洗完碗、泡完咖啡、煎完雞蛋等，男人却祇能完成其中的一項工作。

　　當然，男人比女人强的地方也很多。比如，男人的方向感比女人要强得多，美國一位大學教授的試驗證明了這一點。還有，男人的性慾也比女人强。人的下丘腦分管性慾和性行爲，男人的下丘腦是女人的2.5倍，"性慾中心"也比女人大一倍。但奇怪的是，調查表明，抱怨丈夫性慾太强的女人日益減少，對丈夫性能力表示不滿的女人却日益增多。

第八课　男人难还是女人难？

Les mots supplémentaires

研究	V.	yánjiū	recherche, étude	
意外	N.	yìwài	accident, imprévu	
伤害	V.	shānghài	blesser	傷害
发育	V.	fāyù	croissance, développement	發育
倍	Spéc.	bèi	fois (multiplication)	
疲劳	Adj.	píláo	fatigué	疲勞
试验	V.	shìyàn	expérimenter, tester	試驗
表明	V.	biǎomíng	indiquer, exprimer, montrer	
煎鸡蛋		jiān jīdàn	faire des omelettes	煎雞蛋
证明	V.	zhèngmíng	prouver, certifier, certificat	證明
性欲	N.	xìngyù	désir sexuel	性慾
下丘脑	N.	xiàqiūnǎo	hypothalamus	下丘腦
抱怨	V.	bàoyuàn	se plaindre	
日益	Adv.	rìyì	jour après jour	
减少	V.	jiǎnshǎo	réduire, diminuer	

根据短文内容，判断下面说法是否正确：Indiquez《vrai》ou《faux》à la fin des phrases suivantes selon le contenu du texte précédent：

1. 女人想自杀的人比男人多。　　　　　　　　　（　）
2. 男人比女人更容易疲劳。　　　　　　　　　　（　）
3. 越来越多的女人对丈夫性欲太强表示不满。　　（　）
4. 女人的方向感比男人弱。　　　　　　　　　　（　）
5. 女人的下丘脑比男人大。　　　　　　　　　　（　）
6. 在同样的时间里，女人完成的工作更多。　　　（　）
7. 男性更容易受伤。　　　　　　　　　　　　　（　）
8. 女孩更容易发育不良。　　　　　　　　　　　（　）

五、语段写作　　V. Exercice d'écriture

根据辩论情况，写出自己对男人难还是女人难的看法。

Après un débat, rédigez un texte où vous exposez votre point de vue sur ce qui est le plus difficile, être un homme ou une femme?

Dì-jiǔ kè Huí xīn zhuǎn yì
第九课 回心转意
Leçon neuf Se raviser

一、词语和结构　I. Les mots et les structures

1. 朗读下列词语：Lisez à haute voix les expressions suivantes:

作家	画家	文学家	音乐家	旅行家	歌唱家
更改	改变	变更	变化	转化	转变
三口之家	枫叶之国	文化之都	戏剧之乡	苹果之乡	

2. 替换对话：Exercices de substitution:

(1) A：怎么，<u>老公想要</u>？
　　B：<u>老公</u>倒没什么，<u>老爸老妈</u>实在难对付。

小王	玩儿	小张、小赵
女友	去	她的那些朋友
老爸	来看你	老妈

(2) A：那不是很<u>好</u>吗？
　　B：<u>好</u>什么呀！

他	聪明
这件衬衫	便宜
那个问题	容易
你们家	热闹

（3）A：有那么严重吗？
　　　B：可不是。

| 胖 |
| 漂亮 |
| 难 |
| 无聊 |

（4）A：我们只好给他们生一个。
　　　B：这一下，他们该高兴了吧！

给	买几个	满意
给	画几张	高兴
跟	一起去	满意
为	去拼命	没话说
给	一点儿颜色看看	回心转意

3. 辨字组词：Identifiez les caractères suivants, puis formez des mots avec eux:

须 _____　　　烦 _____
转 _____　　　传 _____
族 _____　　　旅 _____
痛 _____　　　通 _____
论 _____　　　轮 _____

4. 找出下面词语的反义词：Reliez les mots à gauche avec leurs antonymes à droite:

（1）冷清　　　a. 有趣
（2）安心　　　b. 幸福
（3）乏味　　　c. 开始
（4）痛苦　　　d. 热闹
（5）结束　　　e. 不安
（6）付出　　　f. 得到

5. 选词填空：Remplissez les blancs avec les mots suivants:

　　　　　冷清　清静　安静

（1）自从孩子出国以后，家里只有两位老人，实在是太 _____ 了。

(2) 教室里一点儿声音也没有，真是_____极了！
(3) 我到这儿来，就是想_____一下，没到你们又都跑了过来。

痛苦　无聊

(4) 看他那伤心的样子，我真的也觉得很_____。
(5) 这几天没什么事儿，觉得很_____。

安心　放心　关心　担心

(6) 请爸爸妈妈_____，我一定会好好儿地做。
(7) 别_____，我会回来的。
(8) 老师和同学们都很_____我，我真的要好好儿地谢谢他们。
(9) 天天都吵得要死，让我怎么能_____地看书！

6. 给括号里的词选择一个合适的位置：Trouvez la bonne place dans chaque phrase suivante pour les mots entre parenthèses：

(1) A 发音 B 没什么，C 就是汉字实在 D 太难写了。　　　　　（倒）
(2) 他 A 突然 B 走 C 我的面前，悄悄地说："我爱 D 你！"　　（到）
(3) 这其实也 A 可以说是 B 一个 C 方面的 D 问题。　　　　　（另）
(4) A 这个地方 B 实在太冷了，C 我 D 决定还是回洛杉矶去住。（由于）

7. 用所给词语完成句子：Complétez la phrase en utilisant les mots ou expressions entre parenthèses.

(1) 一方面，他很喜欢这里的工作环境；_____。（另一方面）
(2) 这些压力大多数是_____。（来自）
(3) 他们一直不想要小孩，可是最近，突然_____。（回心转意）
(4) 我本来不想学习汉语的，可爸爸说会说汉语就可以找到一个好一点儿的工作，_____，我就来上汉语课了。（为了）
(5) _____，我终于考上了这所著名的大学。（由于）

8. 用"自然而然"改说下面的句子：Refaites les phrases suivantes en utilisant "自然而然"：

例：他们很自然地做出了新的选择。
　　→他们自然而然地做出了新的选择。

(1) 呆的时间长了，当然就会生出很多感情来。

(2) 观念变了，生活方式当然也会跟着改变。

(3) 他们俩整天呆在一起，互相爱上对方也是很自然的事情。

(4) 随着网络的发展，上网自然就成了我们生活的一个重要内容。

9. 用下面所给的词填空：Remplissez les blancs avec les mots suivants:

回心转意　赚　结婚　担心　觉得　现象　打算　压力　坚持　年轻

在北京，很多夫妻不_____生孩子。这可能是由于生孩子会带来某些问题，比如经济方面的问题等。当然，这种_____更多地出现在刚刚_____不久的年轻夫妻中。这些_____的夫妻，很多都是大学刚毕业，他们_____照看孩子实在是太难了。他们要工作，要_____钱，要买车，要买房子，就是不要孩子。这种现象已经让一些人感到不安了，因为，不生孩子会给社会带来很多问题。不过，也有人认为一点儿也不用_____，因为很多年轻的丁克家庭都很难_____到最后。这一方面是因为社会、家庭对他们还是有一定的_____；另一方面，他们自己在情感上也有需要，所以，结婚几年以后，很多人都_____，重新回到已经成为新的传统的三口之家的家庭生活。

10. 把下面的句子翻译成中文：Traduisez les phrases suivantes en chinois:

(1) C'est 《Jordan》, la célèbre vedette de basket-ball.(大名鼎鼎)

(2) C'est une simple paire de baguettes, mais je n'arrive pas à me débrouiller avec elles.(简简单单，对付)

(3) Il n'y a personne à la maison sauf moi. C'est trop calme toute la journée. On se sent vraiment seul.(冷冷清清)

(4) Après être arrivé en Chine, j'ai naturellement appris le chinois.(自然而然)

(5) Elle a enfin compris cette vérité: aimer, c'est donner.(终于)

二、听力理解　　II. Écoute et compréhension

根据对话，选择正确的答案：

Écoutez les conversations destinées, puis choisissez la réponse appropriée:

短文 A：

1. A. 不知道。
   B. 在医院见到了小吴，她说的。
   C. 小吴的父母告诉我的。
   D. 小吴爱人的父母告诉我的。

2. A. 她的丈夫想要。
   B. 她的父母想要。
   C. 她丈夫的父母想要。
   D. 她的父母和她丈夫的父母都想要。

3. A. 经常不敢回家。
   B. 不到小吴的家里去。
   C. 常常住在小吴的家里。
   D. 常在小吴的面前说别人的孩子。

短文 B：

4. A. 40 岁。
   B. 34 岁。
   C. 43 岁。
   D. 37 岁。

5. A. 十几年。
   B. 二十几年。
   C. 三十几年。
   D. 四十几年。

6. A. 社会的压力。
   B. 父母的要求。
   C. 丈夫的要求。
   D. 自己的情感需要。

三、口语表达　III. Exercices oraux

1. 互相问答：Dialoguez avec vos camarades:

你觉得自己一个人生活好还是结婚好？为什么？
Vaut-il mieux vivre seul ou se marier? Pourquoi?

2. 讨论：Discussion:

不生孩子好不好？为什么？
Est-ce bien de ne pas avoir d'enfant? Pourquoi?

四、阅读理解　IV. Lecture et compréhension

　　41岁的王先生和34岁的赵小姐结婚已经五六年了，他们在旧金山和上海有多所房子，却没有一个小孩。

　　"要一个孩子对我们来说实在是太奢侈了，虽然我们商量过很多次。"在上海一家电脑公司工作的王先生说："我们一个在上海，一个在旧金山，一年见面的时间加起来还不到100天。"

　　要孩子，还是要事业？中国的年轻家庭正面对新的选择。一项最新调查表明，人们对生孩子的意义还像以前一样抱肯定的态度。关于生孩子的目的，按比例从高到低是："组成完整家庭"、"带来快乐和爱"、"让父母高兴"、"维系夫妻关系"、"传宗接代"等等。

　　这项调查还表明，"影响精力"（25.4%）、"影响经济能力"（18.6%）"影响工作"（16.7%）和"影响两人世界"（13.6%）等等原因，使生孩子变得越来越让人害怕。

　　复旦大学的一位教授认为：中国"丁克家庭"越来越多，不结婚而住在一起的现象增加，选择自己一个人生活的人越来越多，离婚变得越来越容易，这些变化表明：孩子在维系家庭关系上的作用变得越来越小。

第九课　回心转意

　　41歲的王先生和34歲的趙小姐結婚已經五六年了，他們在舊金山和上海有多所房子，却沒有一個小孩。

　　"要一個孩子對我們來說實在是太奢侈了，雖然我們商量過很多次。"在上海一家電腦公司工作的王先生說："我們一個在上海，一個在舊金山，一年見面的時間加起來還不到100天。"

　　要孩子，還是要事業？中國的年輕家庭正面對新的選擇。一項最新調查表明，人們對生孩子的意義還像以前一樣抱肯定的態度。關於生孩子的目的，按比例從高到低是："組成完整家庭"、"帶來快樂和愛"、"讓父母高興"、"維繫夫妻關係"、"傳宗接代"等等。

　　這項調查還表明，"影響精力"（25.4%）、"影響經濟能力"（18.6%）"影響工作"（16.7%）和"影響兩人世界"（13.6%）等等原因，使生孩子變得越來越讓人害怕。

　　復旦大學的一位教授認爲：中國"丁克家庭"越來越多，不結婚而住在一起的現象增加，選擇自己一個人生活的人越來越多，離婚變得越來越容易，這些變化表明：孩子在維繫家庭關係上的作用變得越來越小。

Les mots supplémentaires

奢侈	N. Adj	shēchǐ	luxe; luxueux	
事业	N.	shìyè	carrière, entreprise, cause	事業
意义	N.	yìyì	sens, signification	意義
态度	N.	tàidù	attitude	態度
目的	N.	mùdì	but, objectif	
组成	V.	zǔchéng	composer, rassembler	組成
完整	Adj	wānzhěng	complet, intégral	
维系	V.	wéixì	maintenir	維繫
传宗接代		chuán zōng jiē dài	avoir un héritier pour perpétuer la lignée	傳宗接代
精力	N.	jīnglì	énergie	
害怕	V.	hàipà	peur, avoir peur	
作用	N.	zuòyōng	effet, fonction	

Nom propre

旧金山	Jiùjīnshān	San Francisco	舊金山

根据短文内容，判断下面说法是否正确：Indiquez《vrai》ou《faux》à la fin des phrases suivantes selon le contenu du texte précédent：

1. 王先生有房子，没孩子。　　　　　　　　　　　　（　）
2. 王先生的妻子常常在旧金山。　　　　　　　　　　（　）
3. 人们认为"传宗接代"是生孩子的最重要的目的。　（　）
4. 孩子在维系中国家庭关系上的作用变得越来越小。　（　）
5. 现在，在中国，离婚已经变得不像以前那么难了。　（　）
6. 王先生他们从来也没想过要生孩子。　　　　　　　（　）

五、语段写作　　V. Exercice d'écriture

请谈谈你对"丁克"的看法。

Rédigez un paragraphe où vous exposez votre point de vue sur le style de vie "DINK".

> Dì-shí kè　Kělián tiānxià fùmǔ xīn
> 第 十 课　可怜　天下　父母　心
> Leçon dix　Pitié pour le cœur des parents

一、词语和结构　　I. Les mots et les structures

1. 朗读下列词语：Lisez à haute voix les expressions suivantes:

　　发呆　发笑　发火　发疯
　　不论　不管　无论　无论如何　不管怎样　无论好坏　不论男女
　　怕黑　怕热　怕冷　怕输　怕胖
　　有其父必有其子　可怜天下父母心
　　望子成龙　望女成凤

2. 替换对话：Exercices de substitution:

　　(1) A：你就不能好好地打他一顿?
　　　　B：打他? 他打我还差不多。

骂	顿
说	顿
帮	下
管	下

　　(2) A：不提他还好，一提起他我就生气。
　　　　B：好了，别生气了，我们不提了。

| 老板 |
| 价钱 |
| 马力 |

（3）A：我儿子学习很勤奋的。
　　 B：是吗，那将来一定能考上一所好大学。

工作	努力	当上公司总经理
打球	好	成为球星
画画儿	不错	成为画家

3. 辨字组词：Identifiez les caractères suivants, puis formez des mots avec eux:

怜 _____　　　冷 _____
绩 _____　　　续 _____
很 _____　　　狠 _____
以 _____　　　似 _____
逃 _____　　　跳 _____
然 _____　　　热 _____　　　熟 _____

4. 为下面词语选择合适的搭配：Reliez les adjectifs à gauche avec les noms appropriés à droite:

（1）破旧的　　　a. 现象
（2）错误的　　　b. 压力
（3）用功的　　　c. 母爱
（4）巨大的　　　d. 学生
（5）深深的　　　e. 问题
（6）有趣的　　　f. 想法
（7）社会的　　　g. 眼神
（8）严重的　　　h. 责任
（9）温柔的　　　i. 衣服

5. 选词填空：Remplissez les blancs avec les mots suivants:

由于　　因为

（1）_____ 对这件事儿的看法不一样，他们因此吵了起来。
（2）他不喜欢上学，_____ 他老是觉得大家都不喜欢他。

因此　　所以

(3) 因为我非常喜欢汉语，_____ 我决定到北京来学习。

(4) 由于有了你这样一个朋友，我 _____ 觉得在这儿的生活更有意思了。

6. 给括号里的词选择一个合适的位置：Trouvez la bonne place dans chaque phrase suivante pour les mots entre parenthèses:

(1) A 别提 B 了，C 妈妈 D 打电话来了，让我陪她一起去。　　（又）

(2) A 我们大家 B 都能去，为什么 C 他一个人 D 不能去？　　（偏偏）

(3) 真没想到，A 才几个月不见，B 你的汉语 C 说得这么 D 好了。（竟然）

(4) A 那 7 颗星，连 B 像 C 一把勺子（sháozi, louche），叫 D 做北斗星。

（起来）

(5) A 我对 B 这件事儿一点儿 C 不 D 感兴趣。　　（也）

7. 请给下列句子重新排序：Reconstruisez les phrases suivantes avec le changement de l'ordre des composants:

(1) A. 就是一个人在那儿发呆　　B. 不管是上课还是课后
　　C. 从来也不好好儿读书　　　D. 他不是看武侠小说

(2) A. 只好借别人的看　　　　　B. 他买不起那么多的书
　　C. 所以看起书来也就没日没夜的　D. 由于家里没钱

(3) A. 妈妈从衣服口袋里拿出一本书给他　B. 怕他上课要用
　　C. 说他把书忘在家里了　　　　　　D. 就赶紧给他送来了

(4) A. 这时正是夜晚　　　　　　B. 通过国际卫星互相问好
　　C. 进行了一次新世纪的对话　D. 两个高塔的总经理

(5) A. 汉字其实还是很有意思的　B. 汉字实在是太难了
　　C. 对于我们这些外国人来说　D. 不过，学了以后，我发现

8. 用"哪里＋V.得了/完"改说下面的句子：Refaites les phrases suivantes en utilisant "哪里＋V.得了/完"：

例： 简直像牛似的，我可打不了他。
→ 简直像牛似的，我哪里还打得了他啊？

(1) 这么多的牛奶，我可喝不完。

(2) 这么多的作业，我肯定做不完。

(3) 他比我还厉害，我可管不了他。

(4) 那么远的地方，我一个人怎么去？

9. 用下面所给的词填空：Remplissez les blancs avec les mots suivants:

德行　生气　逃课　面子　办法　错误　劝　无论如何

　　水秀已经上初一了，可她却不喜欢上学，老是_____。这不，老师又打来电话，让我_____一定要去学校一趟。说句实在话，我真的不想去学校。她的那些老师没有一个喜欢她，看到我，当然也就没什么笑脸。

　　其实，我也知道，水秀并不会犯什么大_____。可是，每次老师打电话来，我都会觉得很没_____，所以也就很_____，常常打她。小山的妈妈常常_____我不要老是打孩子，其实，我也不想打她啊。但是，有时候看到她的_____跟她妈一样，我就会忍不住生气，唉，有什么_____呢？

10. 把下面的句子翻译成中文：Traduisez les phrases suivantes en chinois:

(1) Il ne va pas à l'école, ne lit pas de livres. Je ne sais vraiment pas ce qu'il fait de sa journée.(O.也不 V.)

(2) Ne me demande pas sans arrêt de t'aider. C'est ton propre travail à la fin. （老是，毕竟）

(3) Ne m'en parle pas. Ça va si tu ne parles pas de jouer au ballon. J'enrage dès que j'entends parler de jouer au ballon.（不……还好，一……就……）

(4) Telle mère, telle fille.（有其……必有其……）

(5) Comment se fait-il que tu sois tombé amoureux d'elle? Je ne comprends vraiment pas.（偏偏）

二、听力理解　II. Écoute et compréhension

根据对话，选择正确的答案：
Écoutez les conversations destinées, puis choisissez la réponse appropriée:

对话：

1. A. 昨天。
   B. 今天。
   C. 明天。
   D. 后天。

2. A. 逃课。
   B. 去机场。
   C. 来上海。
   D. 陪爸爸玩儿。

3. A. 什么时候考试。
   B. 考什么。
   C. 考得怎么样。
   D. 为什么要考试。

4. A. 很好。
   B. 不太好。
   C. 很轻松。
   D. 很怕。

5. A. 很好。
   B. 不太好。
   C. 很轻松。
   D. 很怕。

短文：

6. A. 水秀的爸爸。
   B. 小山的妈妈。
   C. 水秀的老师。
   D. 小山的老师。

7. A. 水秀。
   B. 小山。
   C. 水秀她爸。
   D. 水秀她妈。

8. A. 是个用功的孩子。
   B. 是个坏孩子。
   C. 常常逃课。
   D. 是个小流氓。

三、口语表达　III. Exercices oraux

1. 互相问答：Dialoguez avec vos camarades:

   你小的时候有没有被爸爸妈妈打过？如果被打过，你还记得被打的原因吗？

   Quand vous étiez petit, avez-vous été frappé par vos parents? Si oui, vous souvenez-vous pour quel motif?

2. 讨论：Discussion:

   你觉得父母离婚对孩子有影响吗？为什么？

   Pensez-vous que les enfants sont affectés par le divorce de leurs parents? Pourquoi?

四、阅读理解　IV. Lecture et compréhension

"把儿子拉扯到这么大，其中多少辛苦只有自己知道。但现在，我实在是没办法再管教他了。"日前，一位母亲来到我的办公室，问我她能不能跟自己14岁的儿子"断绝母子关系"。

这位母亲姓高，今年49岁，她35岁时才生下一个儿子。可还没高兴多久，丈夫就因为车祸去世了。从那以后，高女士把自己所有的希望都放在了这个儿子身上。

没想到小时候特别可爱、勤奋的儿子上了初一后，交了一些不爱读书的坏朋友就变了。刚开始，高女士认为，儿子年纪还小，长大了就会懂道理的。可儿子并没有像他希望的那样好起来，反而经常逃课，甚至夜里也不回家。高女士一劝再劝，打了又打，都没什么用。有时儿子会恶狠狠对她说："我的事你别管，你再管我就不客气了，再也不理你这个妈。"

一天早上，已经两天没见儿子的高女士接到儿子老师的电话："如果你儿子再不来上课，就要被开除了。"伤心的高女士对儿子已彻底失望了，她认为自己已没有能力再管教儿子了，因此决定要和儿子断绝母子关系。

然而，高女士的想法只能是一相情愿：父母与子女的关系不可能断绝。孩子在18岁以前，父母对他们有教育抚养的义务。孩子长大后，有了独立生活能力，父母可以不再给他经济上的帮助，但也不能"断绝关系"。高女士的儿子只有14岁，不能不管。

"把兒子拉扯到這麼大，其中多少辛苦祇有自己知道。但現在，我實在是沒辦法再管教他了。"日前，一位母親來到我的辦公室，問我她能不能跟自己14歲的兒子"斷絕母子關係"。

這位母親姓高，今年49歲，她35歲時才生下一個兒子。可還沒高興多久，丈夫就因為車禍去世了。從那以後，高女士把自己所有的希望都放在了這個兒子身上。

沒想到小時候特別可愛、勤奮的兒子上了初一後，交了一些不愛讀書的壞朋友就變了。剛開始，高女士認爲，兒子年紀還小，長大了就會懂道理的。可兒子並沒有像他希望的那樣好起來，反而經常逃課，甚至夜裏也不回家。高女士一勸再勸，打了又打，都沒甚麼用。有時兒子會惡狠狠對她說："我的事你別管，你再管我就不客氣了，再也不理你這個媽。"

一天早上，已經兩天沒見兒子的高女士接到兒子老師的電話："如果你兒子再不來上課，就要被開除了。"傷心的高女士對兒子已徹底失望了，她認爲自己已沒有能力再管教兒子了，因此決定要和兒子斷絕母子關係。

　　然而，高女士的想法祇能是一相情願：父母與子女的關係不可能斷絕。孩子在18歲以前，父母對他們有教育撫養的義務。孩子長大後，有了獨立生活能力，父母可以不再給他經濟上的幫助，但也不能"斷絕關係"。高女士的兒子祇有14歲，不能不管。

Les mots supplémentaires

断绝	V.	duànjué	rompre, casser	斷絕
母子		mǔ zǐ	mère et fils	
车祸	N.	chēhuò	accident de voiture	車禍
恶狠狠	Adj.	èhěnhěn	méchamment, férocement	惡狠狠
开除	V.	kāichú	exclure, renvoyer, expulser	開除
彻底	Adv.	chèdǐ	complètement, totalement désir	徹底
一相情愿		yī xiāng qíngyuàn	désir individuel, amour non partagé	一相情願
抚养	V.	fǔyǎng	élever, nourrir	撫養
义务	N.	yìwū	responsabilité, obligation, devoir	義務

根据短文内容，判断下面说法是否正确：Indiquez «vrai» ou «faux» à la fin des phrases suivantes selon le contenu du texte précédent:

1. 高女士的儿子比她小35岁。　　　　　　　　　　　　（　）
2. 儿子还没出生，高女士的丈夫就去世了。　　　　　　（　）
3. 高女士的儿子是在上初一以后才变坏的。　　　　　　（　）
4. 高女士从来也没打过儿子。　　　　　　　　　　　　（　）
5. 刚开始高女士对儿子抱有很大的希望，但现在已经完全失望了。
　　　　　　　　　　　　　　　　　　　　　　　　　（　）
6. 高女士和儿子的关系不可能断绝。　　　　　　　　　（　）

五、语段写作　　V. Exercice d'écriture

父母离婚对孩子的影响。

L'influence du divorce sur les enfants.

Dì-shíyī kè Ānlèsǐ yǔ "ānlèhuó"
第十一课 安乐死 与 "安乐活"
Leçon onze   Euthanasie et Eubiosie

一、词语和结构   I. Les mots et les structures

1. 朗读下列词语：Lisez à haute voix les expressions suivantes:

国界　　　　边界　　　　医学界　　　　自然界　　　　文化界　　　　科学界
浪费时间　　浪费金钱　　浪费资源　　　浪费人力
减少痛苦　　减少麻烦　　减少人数
增加痛苦　　增加麻烦　　增加人数
人士　　　　女士　　　　男士　　　　　护士　　　　　绅士（shēnshì, gentilhomme）

2. 替换对话：Exercices de substitution:

(1) A：朋友们谁不夸你们<u>孝顺</u>？
    B：<u>孝顺什么呀</u>？

聪明	聪明什么呀
勤奋	勤奋什么呀
做得好	好什么呀
有钱	有什么钱呀
有福气	有什么福气呀

(2) A：只要一开口，他就<u>骂</u>我们是<u>不肖子</u>。
    B：<u>骂</u>就让他<u>骂</u>呗。

说	是坏孩子
骂	是穷鬼
说	不勤奋
说	工作不努力

(3) A：那你们就好好儿劝劝呗。
　　B：还劝呢，我们哪开得了口啊？

说说	说
管管	管
骂一顿	骂

3. 辨字组词：Identifiez les caractères suivants, puis formez des mots avec eux:

界 _____　_____　_____　_____　_____

家 _____　_____　_____　_____　_____

星 _____　_____　_____　_____　_____

者 _____　_____　_____　_____　_____

性 _____　_____　_____　_____　_____

方 _____　_____　_____　_____　_____

际 _____　_____　_____　_____　_____

化 _____　_____　_____　_____　_____

双 _____　_____　_____　_____　_____

同 _____　_____　_____　_____　_____

中 _____　_____　_____　_____　_____

4. 选词填空：Remplissez les blancs avec les mots suivants:

　　　　使用　利用　有用

(1) 这本书真的很 _____，我就买它吧。
(2) _____ 这种设备的人很多。
(3) 我一定要好好地 _____ 这次机会。

　　　　效果　结果

(4) 这种药 _____ 不错，吃了以后我的病马上就好了。
(5) 他们已经讨论了很长时间了，可一直没有 _____。
(6) 说来说去，_____ 连自己也给说糊涂了。

资源　　资金

（7）我很想开一家公司，可没有＿＿＿＿＿，你能不能帮帮我？

（8）这个国家人口少，面积大，自然＿＿＿＿＿非常丰富。

5. 给括号里的词选择一个合适的位置：Trouvez la bonne place dans chaque phrase suivante pour les mots entre parenthèses:

（1）没过 A 多久 B，张经理和来访问 C 的客人们也都赶来 D。　　（了）

（2）我觉得 A 人都不应该 B 选择 C 使用安乐死的办法来结束自己的 D 生命。

（任何）

（3）A 几乎 B 人 C 都 D 认为这的确是一个好办法。　　（所有）

（4）我们大家都 A 觉得 B 考试时 C 不应该 D 学生使用辞典。　　（禁止）

6. 把所给的词组成句子：Construisez une phrase en mettant les mots suivants dans le bon ordre:

（1）谁　　朋友们　　你们　　夸　　孝顺　　不

（2）我　　你　　打听到　　打电话　　通知　　以后　　了　　马上　　就

（3）上课　　看　　时候　　他　　的　　地　　常常　　武侠小说　　偷偷

（4）他　　他　　我　　明天　　要　　也　　让　　去　　一下　　找　　无论如何

（5）没日没夜　　看书　　这孩子　　地　　只　　知道

7. 用"打听"改说下面的句子：Refaites les phrases suivantes en utilisant "打听":

例：我去问一下，看看谁知道。→ 我去打听一下，看看谁知道。

（1）我去帮你问一问，也许有人知道。

（2）你去问问老师，看看他知道不知道。

（3）我有点儿怕，真的不知道应该去问谁。

（4）我也不知道谁有这个东西，不过，我可以帮你问一下。

8. 用下面所给的词填空：Remplissez les blancs avec les mots suivants:

> 不治之症　无精打采　手术　年纪　安乐死　听说　打听　劝

最近，张天总是_____的，一问才知道，原来他们家的老爷子想_____。这老爷子，_____这么大了，还挺赶时髦（shímáo, à la mode）的。不过，也难怪，得了_____，疼起来那么难受，谁受得了呢？

我让张天好好地劝劝老爷子，可张天说，他们根本没办法_____，因为只要他们一开口，老爷子就骂他们是不肖子。这件事儿还真是挺难办。不过，我倒_____有一种叫做安乐活的手术，对老爷子这样的病人来说可能更有用。但是，我也不知道在哪儿能做这种_____。我准备回去帮张天_____一下。

9. 把下面的句子翻译成中文：Traduisez les phrases suivantes en chinois:

(1) Ces derniers jours, tu as l'air abattu; qu'est-ce qu'il s'est passé?（无精打采）

(2) Le billet d'avion est si cher; comment nous, pauvres étudiants, pourrions prendre l'avion?（哪 V. 得了）

(3) Que sommes-nous l'un pour l'autre? Devons-nous encore faire des façons entre nous?（谁跟谁，干吗）

(4) Par contre, j'ai entendu parler d'une méthode efficace pour apprendre le chinois.（倒是）

(5) Presque tout le monde pense qu'il faut supprimer la «Loi sur l'examen».（几乎）

二、听力理解　II. Écoute et compréhension

根据对话，选择正确的答案：
Écoutez les conversations destinées, puis choisissez la réponse appropriée：

对话：
1. A. 望山。
   B. 黄山。
   C. 饭店。
   D. 王山。

2. A. 看日出。
   B. 找宾馆。
   C. 拍照。
   D. 看山。

3. A. 能。
   B. 不能。

短文：
根据短文，回答下面的问题：
Répondez aux questions suivantes d'après le contenu du texte précédent:

4. "我"这几天怎么样？

5. "我"为什么这么烦？

6. 我们愿意不愿意让爸爸"安乐死"？

7. 我们劝老爷子的时候，老爷子怎么样？

8. "我"今天在路上遇到了谁？

9. 他告诉"我"有什么样的手术？

10. 这种手术有用吗？

11. 请复述一下你听到的内容。

三、口语表达　III. Exercices oraux

1. 互相问答：Dialoguez avec vos camarades:

你认识的人里面有没有病重的老人？他们是怎么看待死亡的？
Connaissez-vous des personnes âgées sérieusement malades? Que pensent-elles de la mort?

2. 讨论：Discussion:

你认为是否应该实施安乐死？为什么？
Pensez-vous que l'euthanasie devrait être légalisée? Pourquoi?

四、阅读理解　IV. Lecture et compréhension

"安乐死"今在荷兰合法化

[新华社2002年4月1日上午电] 荷兰议会去年通过的"安乐死"法案在4月1日正式生效，使荷兰成为世界上第一个将"安乐死"合法化的国家。

去年4月10日，荷兰议会上院以多数票通过"安乐死"法案，规定12岁以上的病人在身患不治之症、难以接受痛苦的治疗的情况下，在考虑成熟后，可以自愿向医生提出以"安乐死"的方式结束自己的生命；其主治医生则必须就病人的要求至少征询一位其他医生的意见，并同病人讨论除"安乐死"之外挽救生命的其他方法。当所有的努力都不可能时，才可以实施"安乐死"。法案规定，实施"安乐死"必须使用医学方法，或者由主治医生向病人发放药物，由病人自己吃药来结束生命；或者由主治医生使用药物，帮助病人结束生命。

"安樂死"今在荷蘭合法化

[新華社 2002 年 4 月 1 日上午電] 荷蘭議會去年通過的"安樂死"法案在 4 月 1 日正式生效，使荷蘭成為世界上第一個將"安樂死"合法化的國家。

去年 4 月 10 日，荷蘭議會上院以多數票通過"安樂死"法案，規定 12 歲以上的病人在身患不治之症、難以接受痛苦的治療的情況下，在考慮成熟後，可以自願向醫生提出以"安樂死"的方式結束自己的生命；其主治醫生則必須就病人的要求至少徵詢一位其他醫生的意見，並同病人討論除"安樂死"之外挽救生命的其他方法。當所有的努力都不可能時，纔可以實施"安樂死"。法案規定，實施"安樂死"必須使用醫學方法，或者由主治醫生向病人發放藥物，由病人自己吃藥來結束生命；或者由主治醫生使用藥物，幫助病人結束生命。

Les mots supplémentaires

议会	N.	yìhuì	parlement	議會
法案	N.	fǎ'àn	projet de loi	
生效	V.O.	shēng xiào	prendre effet, être en vigueur	
成为	V.	chéngwéi	devenir	成為
患	V.	huàn	souffrir de, être malade de	
治疗	V.	zhìliáo	traitement	治療
成熟	Adj., V.	chéngshú	mûr; mûrir	
自愿	V.	zìyuàn	être volontaire, faire qqch. de son propre gré	自願
主治	V.	zhǔzhì	médecin responsable	
征询	V.	zhēngxún	demander l'opinion de qqn.	徵詢
意见	N.	yìjiàn	point de vue, idée, opinion	意見
方法	N.	fāngfǎ	méthode, moyen	
发放	V.	fāfāng	distribuer, accorder	發放
药物	N.	yàowù	médicament	藥物

第十一课 安乐死与"安乐活"

Nom propre

| 新华社 | Xīnhuáshè | L'Agence de Presse Xinhua (Chine Nouvelle) | 新華社 |

根据短文内容，判断下面说法是否正确：Indiquez《vrai》ou《faux》à la fin des phrases suivantes selon le contenu du texte précédent:

1. "安乐死"法案是荷兰议会在2002年通过的。（ ）
2. 荷兰是世界上第一个把"安乐死"合法化的国家。（ ）
3. 荷兰"安乐死"法案规定：只有12岁以上的病人才可以实施安乐死。（ ）
4. 实施安乐死可以由病人的主治医生自己决定。（ ）
5. 实施安乐死只能使用医学的方法。（ ）
6. 主治医生可以使用药物帮助病人结束生命。（ ）

五、语段写作　V. Exercice d'écriture

请谈一下你对安乐死的看法。
Rédigez un paragraphe où vous exposez votre point de vue sur l'euthanasie.

Dì-shí'èr kè　Rù xiāng suí sú
第 十 二 课　入 乡 随 俗
Leçon douze　Lorsqu'on est à Rome, on vit comme les Romains

一、词语和结构　I. Les mots et les structures

1. 朗读下列词语：Lisez à haute voix les expressions suivantes:

往往	常常	往常	
师生之间	父子之间	母女之间	两国之间
老师和学生之间	父母和子女之间	国家和国家之家	
日益增加	日益减少	日益发展	日益提高
若干年	若干时间	若干问题	若干想法

2. 组词：Listez tous les mots que vous connaissez contenant les caractères suivants:

生 _____　_____　_____　_____

现 _____　_____　_____　_____

出 _____　_____　_____　_____

爱 _____　_____　_____　_____

发 _____　_____　_____　_____

同 _____　_____　_____　_____

不 _____　_____　_____　_____

感 _____　_____　_____　_____

可 _____　_____　_____　_____

3. 为下面的动词选择合适的搭配：Reliez les verbes à gauche avec leur complément d'objet approprié à droite:

   (1) 犯　　　　　　a. 白日梦
   (2) 布置　　　　　b. 生活
   (3) 打听　　　　　c. 问题
   (4) 发展　　　　　d. 错误
   (5) 解决　　　　　e. 经济
   (6) 享受　　　　　f. 消息
   (7) 做　　　　　　g. 任务

4. 选词填空：Remplissez les blancs avec les mots suivants:

   表演　　表示　　表现　　表明　　表达

   (1) 东西方文化的差异，在家长教育子女的方式上，＿＿＿＿得特别明显。
   (2) 调查＿＿＿＿：大多数人都希望自己能中大奖。
   (3) 她朋友是个演员，每天都要＿＿＿＿，挺辛苦的。
   (4) 对您的热情帮助，我们＿＿＿＿十分的感谢！
   (5) 他心里有很多话，可是用汉语＿＿＿＿不出来。

5. 给括号里的词选择一个合适的位置：Trouvez la bonne place dans chaque phrase suivante pour les mots entre parenthèses:

   (1) 最近 A 几年，B 来 C 澳大利亚的留学生一直 D 在不断增加。　　（自）
   (2) A 在中国的时候，B 谁 C 来买香烟她 D 可以卖。　　（都）
   (3) A 1998 年以来 B，C 我们就 D 一直住在温哥华。　　（自）
   (4) 我们 A 都不知道为什么，他 B 每天要工作到 C 那么晚 D 睡觉。　　（才）
   (5) A 他们 B 的很多 C 事儿 D 往往是说不清楚的。　　（之间）

6. 请给下列句子重新排序：Reconstruisez les phrases suivantes avec le changement de l'ordre des composants:

   (1) A. 大多数护士认为　　　　　　B. 最好让法官去实施
   　　C. 而不应该让医生去做　　　　D. 如果"安乐死"合法化

(2) A. 对于得了不治之症的病人来说　　B. 差不多所有的人都认为
　　B. 减少他们的痛苦是最重要的　　　D. 调查表明

(3) A. 在学校和社会的影响下
　　B. 他们到了西方国家以后
　　C. 她们的孩子却和她们不同
　　D. 比家长们更容易接受西方文化传统

(4) A. 我不喜欢旅行　　　　　　　　　B. 可我并不那么想
　　C. 因为我觉得旅行完全是花钱受累　D. 大家都说旅行好

(5) A. 一方面　　　　　　　　　　　　B. 另一方面
　　C. 离婚的人越来越多　　　　　　　D. 结婚的人也日益增长

7. 用下面所给的词填空：Remplissez les blancs avec les mots suivants:

典型　若干　发展　不断　担心　遇到
选择　机会　同样　仍旧　实现

　　_____年来，我一直在_____地努力学习汉语，可是，不知为什么我的汉语总是说不好，_____没有什么提高。

　　现在好了，我马上就能_____自己的梦想了：学校给了我一个去中国留学的_____。不过，我还要在北京大学和复旦大学之间做一个_____。我知道，北京是一个非常_____的中国城市，但是，我听说上海也很不错。上海的经济_____得很快，城市的变化也很大。

　　当然啦，我也有点儿_____。你看，来我们这儿的许多中国人都_____了一些文化上的问题，不知我会不会有_____的问题呢？

8. 把下面的句子翻译成中文：Traduisez les phrases suivantes en chinois:

(1) Les mères, en particulier, espèrent que leurs enfants maintiendront la tradition culturelle de leur pays.(特别是……，更是……)

(2) Sous l'influence du professeur, beaucoup de camarades de notre classe décident d'aller faire des études en Chine.(在……下)

(3) Ce que je trouve injuste, c'est qu'il m'a fortement grondé sans me demander d'explication.(……的是……)

(4) Bien que je sois né et que j'aie grandi aux États-Unis, mes parents disent toujours que nous sommes des Chinois.(虽然……，……，可……)

(5) Ces derniers jours, je suis très ennuyé: même mon meilleur ami ne me comprend pas. Il a dit que je n'aurais pas dû agir de cette façon dès le début. Je suis vraiment fou furieux.(连……都……，真是……)

二、听力理解　II. Écoute et compréhension

根据对话，选择正确的答案：
Écoutez les conversations destinées, puis choisissez la réponse appropriée：

对话 A：
1. A. 认为汉语不难。
   B. 认为汉语很难。

对话 B：
2. A. 网吧。
   B. 饭馆儿。
   C. 咖啡厅。
   D. 教室。

3. A. 肉丝。
   B. 鱼。
   C. 酸辣汤。
   D. 米饭。

对话 C：
4. A. 饭馆儿。
   B. 教室里。

C. 公共汽车上。
　　D. 出租汽车上。

5. A. 1 张。
　　B. 2 张。
　　C. 3 张。
　　D. 4 张。

6. A. 南京。
　　B. 汽车站。
　　C. 市政府。
　　D. 市中心。

短文：

根据短文，回答下面的问题：

Répondez aux questions suivantes d'après le contenu du texte précédent:

7. "打是亲，骂是爱"这句话有没有道理？

8. "打是亲，骂是爱"这句话主要是对谁来说的？

9. 想到"打是亲，骂是爱"这句话的时候，"我"担心什么呢？

10. 中国人说的"打是亲，骂是爱"，真的是指狠狠地打骂吗？

三、口语表达　　III. Exercices oraux

1. 互相问答：Dialoguez avec vos camarades:

　　你去过哪些国家（地方）？你了解那儿的文化吗？
　　Quels pays avez-vous visité? Connaissez-vous leurs cultures?

2. 讨论：Discussion:

你认为文化有好坏的分别吗？请谈谈你的理由。
Pensez-vous qu'il existe de bonnes cultures et de mauvaises cultures? Pourquoi?

四、阅读理解　IV. Lecture et compréhension

苏格兰：打孩子犯法！

苏格兰地方政府日前颁布了一项法令，禁止成年人对不满3岁的孩子打屁股或打耳光，就连自己的父母也不行。除此以外，对于无论多大的孩子，以下3种体罚方式都被禁止：打孩子的头部，摇晃他们，动用皮带、拖鞋等。以后再有人在法庭上辩解说，打孩子是为了让他听话，法官是不会同意的。一个名叫"孩子打不得"的慈善组织对这项法令非常满意："应该使用法律武器，让那些受到攻击的孩子能像大人一样受到保护。我们认为，苏格兰地方政府在保护儿童方面干得不错，全英国人都应该向他们学习。"

所谓"合理惩罚"的辩解其实早就已经过时了。不过，父母们大多觉得怎么管教孩子是他们自己的事，跟政府没关系。因此，要实行这项法令，地方政府恐怕还有许多工作要做。（新华社供本报特稿　记者　宋盈）

《新闻晚报》2002年4月1日第1185期　有改动

苏格兰：打孩子犯法！

蘇格蘭地方政府日前頒佈了一項法令，禁止成年人對不滿3歲的孩子打屁股或打耳光，就連自己的父母也不行。除此以外，對於無論多大的孩子，以下3種體罰方式都被禁止：打孩子的頭部，搖晃他們，動用皮帶、拖鞋等。以後再有人在法庭上辯解說，打孩子是爲了讓他聽話，法官是不會同意的。一個名叫"孩子打不得"的慈善組織對這項法令非常滿意："應該使用法律武器，讓那些受到攻擊的孩子能像大人一樣受到保護。我們認爲，蘇格蘭地方政府在保護兒童方面幹得不錯，全英國人都應該向他們學習。"

所謂"合理懲罰"的辯解其實早就已經過時了。不過，父母們大多覺得怎麼管教孩子是他們自己的事，跟政府沒關係。因此，要實行這項法令，地方政府恐怕還有許多工作要做。（新华社供本报特稿　记者　宋盈）

《新聞晚報》2002年4月1日第1185期　　有改動

Mots supplémentaires

犯法	V.O.	fàn fǎ	violation de la loi, violer la loi	
颁布	V.	bānbù	promulguer, publier, manifester	頒佈
法令	N.	fǎlìng	loi, décret	
屁股	N.	pìgu	fesse, derrière	
耳光	N.	ěrguāng	gifler	
摇晃	V.	yáohuàng	secouer	
皮带	N.	pídài	ceinture	皮帶
拖鞋	N.	tuōxié	pantoufle	
法庭	N.	fǎtíng	tribunaux	
辩解	V.	biànjiě	se défendre	辯解
慈善组织		císhàn zǔzhī	organisation de charité	慈善組織
武器	N.	wǔqì	arme, armement	
攻击	V.	gōngjī	attaquer, offenser	攻擊
所谓	Adj.	suǒwèi	soi-disant	所謂
合理	Adj.	hélǐ	légitime, rationnel	
过时	Adj.	zhèshí	obsolète, périmé, démodé	過時

Nom propre

| 苏格兰 | Sūgélán | Écosse | 蘇格蘭 |
| 新闻晚报 | Xīnwén Wǎnbào | Journal du Soir | 新聞晚報 |

根据短文内容，判断下面说法是否正确：Indiquez《vrai》ou《faux》à la fin des phrases suivantes selon le contenu du texte précédent:

1. 苏格兰法令规定，打孩子的头部和屁股都是犯法的。　　　（　）
2. 苏格兰不禁止摇晃三岁以下的孩子。　　　　　　　　　　（　）
3. 有一个慈善组织的名字叫"孩子打不得"。　　　　　　　　（　）
4. 家长都很希望政府能在管教孩子的方式上帮助自己。　　　（　）
5. 有人认为，在保护孩子方面，苏格兰地方政府在英国做得最好。（　）
6. 在苏格兰，父母不能打自己孩子的屁股。　　　　　　　　（　）

五、语段写作　　V. Exercice d'écriture

你觉得中国人说的"打是亲，骂是爱"对吗？请写出你的理由。
Que pensez-vous de l'expression chinoise qui dit:《frapper, c'est chérir, gronder, c'est aimer》? Pourquoi?